FRANCISCO

João Décio Passos
Afonso M. L. Soares
(Orgs.)

FRANCISCO

renasce a esperança

Dados Internacionais de Catalogação na Publicação (CIP)
(Câmara Brasileira do Livro, SP, Brasil)

Francisco : renasce a esperança / João Décio Passos, Afonso Maria
Ligorio Soares, (organizadores). – São Paulo : Paulinas, 2013.
– (Coleção Francisco)

Bibliografia
ISBN 978-85-356-3522-5

1. Concílio Vaticano (2. : 1962-1965) - História 2. Francisco,
Papa, 1936 - 3. Igreja - História 4. Papado - História 5. Papas I. Passos,
João Décio. II. Soares, Afonso Maria Ligorio . III. Série.

13-04212   CDD-262.1309

Índice para catálogo sistemático:

1. Papas : História : Eclesiologia : Cristianismo   262.1309

1ª edição – 2013

5ª reimpressão – 2018

Direção-geral: *Bernadete Boff*
Editores responsáveis: *Vera Ivanise Bombonatto*
e Afonso M. L. Soares
Copidesque: *Ana Cecilia Mari*
Coordenação de revisão: *Marina Mendonça*
Revisão: *Ruth Mitzuie Kluska e Sandra Sinzato*
Gerente de produção: *Felício Calegaro Neto*
Projeto gráfico: *Manuel Rebelato Miramontes*
Imagens: *Servizio Fotografico*
de L'Osservatore Romano

Paulinas
Rua Dona Inácia Uchoa, 62
04110-020 — São Paulo — SP (Brasil)
Tel.: (11) 2125-3500
http://www.paulinas.org.br
editora@paulinas.com.br
Telemarketing e SAC: 0800-7010081
© Pia Sociedade Filhas de São Paulo — São Paulo, 2013

SUMÁRIO

PARTE III
Prospectivas: de novo a primavera

MISERANDO ATQUE ELIGENDO

PREFÁCIO

É muito oportuna a iniciativa da Paulinas Editora de provocar uma reflexão sobre os fatos surpreendentes que resultaram na eleição do Papa Francisco, com o leque de esperanças que o início do seu pontificado está suscitando.

As surpresas, na verdade, começaram com a inesperada renúncia de Bento XVI, anunciada no dia 11 de fevereiro e efetivada no dia 28 de fevereiro de 2013. Essa renúncia desencadeou os episódios que vieram a seguir. Mas, em si mesma, se constitui num fato muito significativo, sugerindo alguns desdobramentos que o inesperado acontecimento pode trazer à Igreja.

A surpresa da renúncia foi seguida de outra: a inesperada eleição do Cardeal Jorge Mario Bergoglio como Papa Francisco. Com a auréola positiva do nome escolhido, o Papa Francisco foi logo sinalizando, com gestos e palavras, uma série de posturas, valores e opções pastorais que suscitaram uma grande esperança de retomada da renovação eclesial.

Entender o contexto que tornou viável estas surpresas, decifrar as mensagens contidas nos gestos e nas palavras do novo Papa, e medir sua consistência inovadora, é uma tarefa a ser feita com urgência, antes que se diluam os primeiros impactos positivos do pontificado do Papa Francisco. E esta é a tarefa que a Paulinas Editora resolveu enfrentar em tempo.

O foco das atenções se concentra agora na figura do Papa Francisco. Mas é importante perceber o alcance histórico e a força dinamizadora do surpreendente episódio da renúncia de Bento XVI. Renunciando a seu cargo, ele se tornou protagonista de um evento com um vasto potencial de desdobramentos. Se o Papa pode renunciar, muitas outras coisas, que pareciam impossíveis, podem acontecer na realidade eclesial vivida em nosso tempo.

O fato levanta ainda uma série de interrogações sobre os reais motivos de sua renúncia. Bento XVI alegou não ter mais energias corporais e espirituais para cumprir de modo adequado sua missão, mas quais seriam realmente os problemas de difícil solução que motivaram sua renúncia e que esperam uma atuação decidida e firme do novo papa?

Bento XVI demonstrou muita responsabilidade. Estabeleceu um prazo conveniente não só para a Igreja assimilar a nova situação, como também para ele próprio levar a bom termo todas as decorrências do seu ato. Tudo isto lhe garantiu um lugar na história, além de nos proporcionar a experiência de contarmos agora com dois papas, um efetivo e outro emérito. São todas situações que podem agora repercutir na práxis eclesial, e é isto que mais interessa.

Mas é, sobretudo, a figura do Papa Francisco que merece agora nossa atenção. Ele suscitou um leque tão grande de expectativas, que avalizam a esperança da retomada do impulso renovador desencadeado pelo Concílio Vaticano II.

Sua eleição surpreendeu todo mundo. Por mais que as especulações tivessem desenhado diversos cenários para o desfecho do conclave, ninguém tinha apostado no Cardeal Jorge Mario Bergoglio. Pela rapidez da escolha, percebe-se que os cardeais deram, de imediato, amplo apoio para que ele assumisse com desenvoltura a missão que lhe confiavam. A surpresa decorria de diversas circunstâncias, que se realizavam pela primeira vez na história: um papa latino-americano, jesuíta, e que assumia o nome de Francisco.

Dentre todas, sem dúvida a mais significativa foi a escolha do nome. Pois ele revela uma clara identificação com um leque de valores evangélicos e eclesiais, testemunhados por São Francisco de Assis. Entre os quais está, sem dúvida, a simplicidade de vida, que caracteriza a personalidade do novo papa e que ele vivencia não só de maneira espontânea, mas também assumida, como fez questão de enfatizar ao escolher o nome Francisco.

Outra insistência, em suas breves palavras de apresentação como papa diante da multidão na Praça São Pedro, foi com relação à maneira como se referiu a Bento XVI, chamando-o de "Bispo emérito de Roma", e, também, com respeito à função do conclave de encontrar um "Bispo para Roma".

Esta insistência em vincular a missão do papa com sua condição de "Bispo de Roma" é muito significativa. Aponta para uma prática da "colegialidade episcopal", em que cada bispo está vinculado a uma "Igreja particular", sendo a Igreja no mundo o resultado da comunhão das Igrejas locais, de onde emerge a importância especial da Igreja de Roma, como símbolo da comunhão fraterna entre todas as Igrejas. Em todo caso, essa atitude revela um claro posicionamento eclesial, que sinaliza para a retomada da renovação empreendida pelo Concílio Vaticano II.

Outro ato surpreendente do Papa Francisco foi na hora de dar a famosa bênção *Urbi et Orbi*: antes de ele dar esta bênção ao povo, pediu que o povo invocasse sobre o papa a bênção de Deus! Não deixa de ser uma visão de Igreja impregnada dos ensinamentos do Concílio, que nos falam da Igreja como "Povo de Deus", onde todos são corresponsáveis pela missão.

O início do seu pontificado não poderia ser melhor. Sua inesperada eleição foi acolhida com entusiasmo. Assim, a figura do Papa Francisco emergiu de repente, ocupando, sem dúvida, um espaço, num vazio de grandes personalidades do cenário mundial de hoje.

Mas ele fez por merecer esta pronta adesão de todos os que se perguntavam pelo papa que iríamos ter. Soube transmitir suas mensagens através de gestos que tocaram em cheio a sensibilidade do povo, que esperava um papa humano, que suscitasse e incentivasse um clima de compreensão e de fraternidade, capaz de romper o crescente distanciamento da Igreja com os problemas atuais da humanidade.

Pode-se dizer que o Papa Francisco está seguindo as pegadas de João XXIII. Daquela vez, João XXIII foi despertando uma admiração crescente, sobretudo por causa dos gestos de bondade que ia praticando. E não demorou muito para transferir essa simpatia com relação a sua pessoa para a proposta de convocar um Concílio Ecumênico para renovar a Igreja. Assim, daquela vez, o entusiasmo pelo papa foi transferido para o concílio, de tal modo que o apoio do povo foi decisivo para desencadear um surpreendente processo de mudanças e de renovação cristã e eclesial.

A questão que se coloca agora é saber até que ponto este novo entusiasmo por um papa, que captou a benevolência do povo, pode se transformar em novo impulso de renovação eclesial. A esperança é esta. A renúncia de Bento XVI e a eleição do Papa Francisco parecem ter criado um clima muito propício para desencadear um novo processo de renovação eclesial, retomando as propostas do Vaticano II, que receberiam um novo impulso, dentro do clima favorável, de diálogo e de abertura, sinalizado pelo Papa Francisco.

Claro que se levantam algumas questões muito pertinentes, que nos fazem pensar na viabilidade prática desta retomada do concílio. No tempo de João XXIII, o processo de renovação eclesial entusiasmou a todos, quase não encontrando resistência. Mas, agora, quem iria sustentar este apoio, e como seria possível articulá-lo, para que encontre eco nas instâncias de decisão eclesial? Em todo caso, um fato positivo é que parecem recriadas as condições de um novo período de renovação eclesial, num clima favorável de caridade fraterna, abertura e compreensão, de que todos estão sedentos.

Para sinalizar sua vontade de encontrar importantes consensos com a humanidade de hoje, o Papa Francisco elegeu a ecologia como terreno fácil e evidente de coincidências entre as causas da Igreja e as da sociedade. Insinuando, assim, que está disposto a buscar outras convergências que reaproximem a Igreja das grandes questões que afligem hoje a humanidade, mergulhada em crise profunda, nestes tempos de tantas mudanças. Quais seriam, então, os temas que precisariam se traduzir em consensos a envolver tanto a Igreja como a sociedade?

Para sair da defensiva diante de acusações que lhe sacam, a Igreja precisa, decididamente, se colocar a serviço da vida. Com esta postura radical, conseguirá sair do sufoco a que foi submetida por problemas internos, que serão superados na medida em que abraçar as grandes causas da humanidade.

Nesta perspectiva, tomam sentido os gestos de simplicidade, despojamento e bondade que o Papa Francisco veio demonstrando nestes dias, numa evidente intenção de seguir o roteiro vivido pelo Papa João XXIII. Nesta semelhança com o "Papa da Bondade", entende-se, por exemplo, sua decisão de celebrar a missa do lava--pés no Instituto Penal para menores Casal Del Marmo. Uma das atitudes que mais popularizaram João XXIII foi exatamente sua visita aos detentos no presídio de Roma.

Mas João XXIII teve a grande oportunidade de convocar um concílio, para o qual canalizou as simpatias pessoais que tinha angariado, convocando a todos para o grande mutirão em que se constituiu o concílio. Qual será o novo mutirão que o Papa Francisco vai desencadear, para justificar as grandes esperanças que ele despertou com sua insistente convocação nestes primeiros dias do seu pontificado?

Todo o processo, desencadeado pela renúncia de Bento XVI e culminado com a eleição do Papa Francisco, encaixou à perfeição no tempo litúrgico da Quaresma, garantindo um espaço tranquilo para a celebração da Páscoa. Pois bem, depois da Páscoa, a Igreja leva sua fé ao cotidiano da vida. Depois dos gestos e das palavras animadoras, o Papa Francisco precisará tomar suas primeiras iniciativas práticas. Elas se constituirão em referências muito importantes para assinalar os rumos deste pontificado que iniciou despertando tantas esperanças.

Tomar conhecimento das perspectivas verdadeiras, dos desafios concretos, das circunstâncias reais e dos condicionamentos existentes, é uma tarefa urgente que a Paulinas Editora se dispõe a empreender com esta obra. Seu desejo é colaborar para que se consolidem as primeiras impressões positivas do novo Francisco, bispo de Roma, que nos enchem de fundadas esperanças.

Papa: um homem que, a partir da contemplação de Jesus Cristo, ajuda a Igreja a sair de si para as periferias existenciais, para ser a mãe fecunda que vive da doce e confortadora alegria de evangelizar.

INTRODUÇÃO

João Décio Passos
Afonso M. L. Soares

Esta obra foi escrita e produzida a várias mãos, em tempo recorde, com o objetivo de oferecer ao leitor a possibilidade de uma primeira reflexão, no calor dos acontecimentos, sobre o que representa a eleição do Cardeal Jorge Mario Bergoglio, agora Papa Francisco, para o presente e o futuro da Igreja Católica. É um livro franco, que não economiza na crítica que a cúpula da Igreja Católica precisa receber, mas também esperançoso, que acredita na conversão desta Igreja para o cerne do Evangelho de Cristo, do qual ela nunca deveria ter se afastado.

Para que esta proeza viesse à luz em tão pouco tempo, concorreram a rápida inspiração e concepção do projeto, seguida da pronta acolhida de Paulinas Editora e da generosa e competente colaboração de todos os autores e autoras que aceitaram partilhar conosco a responsabilidade desta obra, a começar pelo prefácio e posfácio que a enlaçam, redigidos respectivamente por Dom Demetrio Valentini e Dom Angélico Bernardino. Assim, a todos os envolvidos neste projeto editorial, aqui incluída a equipe de produção da editora, queremos deixar desde o início o nosso mais profundo agradecimento.

Na origem dos fatos que motivaram este livro está a inesperada renúncia do Papa Bento XVI, seguida do conclave e da grata surpresa que o encerrou. Mesmo sendo uma possibilidade prevista no Código de Direito Canônico, a renúncia inédita desmascarou rupturas abissais na Igreja Católica. É verdade, porém, que em certa medida toda mudança de papa pode trazer em si mesma alguma transformação eclesial, embora a regra básica seja a da continuidade da tradição e dos mecanismos regulares do exercício do governo na Igreja Católica com sua estrutura central, a Cúria Romana.

No entanto, ao renunciar, Bento XVI pôs a nu vínculos implícitos com uma crise eclesiástica mais ampla e profunda, a ponto de impossibilitar o idoso pontífice de continuar pontificando. E a mensagem ficou clara: ele deixou o papado para o bem da Igreja. A magnitude do gesto não pôde esconder a gravidade da causa que o precipitou, mesmo sabendo o papa da exposição aos julgamentos internos e externos à Igreja. Era, de fato, o desfecho de uma longa agonia e o início de uma nova fase. O conclave para a escolha do novo chefe do catolicismo foi objeto de uma constatação que se tornara sempre mais óbvia: os cardeais teriam de dar uma resposta para uma Igreja em crise moral e política, cuja espiral chegara ao núcleo hierárquico do poder, a Cúria Romana.

A fumaça branca, que não tardaria a se erguer da chaminé da Capela Sistina, responderia, desta vez, a uma expectativa maior. Quem sucederia o "ex-papa" vivo – bispo emérito de Roma – e daria uma resposta à altura do gesto da renúncia? Não poderia ser apenas alguém competente para ocupar um lugar vazio, mas sim alguém que levantasse a voz no silêncio que havia restado e apontasse para um futuro incerto de renovação do que já estava desgastado. O *habemus papam* ainda é como um bebê que nasce sem a ultrassonografia: só resta esperar e confiar no novo.

Logo apareceu uma figura que contrariava as apostas e as cogitações de "especialistas" inventados pela mídia. O novo aparecera em carne e osso, vestido com a batina branca, sapatos pretos já gastos, uma cruz de prata no peito, sem requinte nem grande performance. O bispo de Roma tinha vindo da periferia do mundo. O primeiro da América Latina e o primeiro com o nome Francisco.

Seu diálogo inaugural, com a multidão ali presente, foi feito com gestos e palavras singelas, quebrando protocolos na apresentação e na primeira bênção. Antes desta, o pedido surpreendente para que os fiéis rezassem por ele. Aquela atitude do novo pontífice, curvando-

-se perante o povo, foi seguida de uma série de atos e situações cujo inaudito foi revelando não somente um papa desvestido de honras nobres, mas também sua função de servidor da Igreja de Jesus Cristo. Não se tratara, portanto (fomo-nos dando conta), somente de timidez ou improvisação inicial, ainda sob o choque da recém-escolha, nem de criatividade de uma figura carismática, mas antes de uma postura que já remetia para uma concepção eclesial da função do bispo de Roma como serviço.

A eclesiologia do Concílio Vaticano II entende a Igreja antes de tudo como a comunhão do Povo de Deus com Jesus Cristo, desde onde se constroem as diferentes funções. No registro eclesiológico anterior ao Vaticano II, o mistério da Igreja tinha uma dinâmica descendente, sendo que a figura do papa gozava de total centralidade na constituição do corpo eclesial. A atitude de Francisco de curvar-se perante o Povo de Deus e pedir que rezassem por ele antes de proceder à primeira bênção expressa a condição fundante da Igreja: o conjunto do Povo de Deus, a quem o sucessor de Pedro serve como sinal da unidade e como pastor que cuida das ovelhas.

Na sacada do palácio apostólico se abriram de novo as janelas da Igreja Católica com os ares do Concílio Vaticano II. A dinâmica das imagens televisivas delatou a postura eclesial com sua temporalidade veloz. As câmeras se voltaram para a praça repleta, tirando o foco do novo papa para mostrar a multidão em prece. Veio em seguida a bênção e o "boa-noite e bom descanso".

O antes e o depois do conclave remetem, pois, o atual bispo de Roma para os desafios concretos de seu ministério petrino. E esse conclave acabou sendo mais que um episódio rotineiro na história da Igreja, tornando-se um evento que tem tudo para ser histórico, pois dele poderá ter surgido uma figura capaz de encaminhar as reformas necessárias.

Por mais que o discurso oficial da Cúria Romana tenha tentado, num primeiro momento, explicar a renúncia do Papa Ratzinger como mero episódio inédito de aposentadoria por idade avançada, ficou evidente para qualquer pessoa bem informada que não se tratava apenas disso. A renúncia foi resultado de um processo de desgaste moral do Vaticano e da alta cúpula hierárquica. Escândalos sexuais envolvendo padres e religiosos e as respostas inadequadas de boa parte das autoridades competentes expuseram à opinião pública mundial um rastro de podridão nas fileiras daqueles que, por primeiro, deveriam dar ao mundo testemunho de vida autêntica e de seguimento despojado de Jesus de Nazaré. De outra parte, até a nomeação de seu atual presidente, o alemão Ernst von Freyberg, os escândalos financeiros do Instituto para as Obras Religiosas (IOR), o nome oficial do Banco do Vaticano, revelam uma instituição nada transparente, que foi envolvida em várias suspeitas de lavagem de dinheiro e conexões com os serviços secretos, com a máfia e até mesmo com ramificações de lojas maçônicas.

Essa é a Igreja recebida por Papa Francisco: pujante em suas bases, com institutos e congregações vibrantes, movimentos e comunidades animadas, e segmentos da cúpula clerical afundados em abusos sexuais contra crianças e adolescentes, exploração sexual de religiosas por sacerdotes e bispos, alto índice de pessoas homossexuais na vida religiosa e sacerdotal, e malversação de dinheiro entre o clero – todos temas tabu. Não é, pois, de admirar que as águas revoltas de que falou o Papa Bento XVI sacudam a Igreja. Elas desafiam de novo a estabilidade da barca de Pedro. E ainda é cedo para prever o fim da tempestade. A margem ainda está bem distante. É hora de caminhar sobre as águas.

Por outro lado, a crise atravessada pela Igreja Católica já produziu o novo, não como antídoto mágico, mas como possibilidade de mudança. E sobre as águas turbulentas, assim como Pedro, Papa Francisco se lançou destemido, ouvindo o Mestre que chama. Ele sabe que, se afundar, o Mestre o socorrerá. A Igreja é de Jesus Cristo e, sem ele, ela perde sua razão de ser. Nessas águas, é melhor levar pouca roupa e pouca bagagem; o excesso de bens e de ornamentos pesa e impede de andar com agilidade para ganhar a outra margem. Nem mesmo Francisco sabe o que pode emergir do fundo das águas, mas a fé o conduz. Basta conhecer o Mestre e saber que a margem segura se encontra como meta certa: a Igreja dos pobres. Essa Igreja é a fonte da fé cristã e, por essa razão, a outra margem: a utopia do Reino de Deus que exige a justiça dos filhos de Deus.

Contudo, em se tratando de reforma da Igreja, navegamos sobre a superfície de águas profundas que nos impedem de ver com nitidez o que está submerso e o que poderá emergir de modo inesperado. Em toda reforma há riscos de interrupções e de desvios de rotas, de cansaço e de retrocessos. A renovação da Igreja envolve diferentes aspectos e dimensões, esbarra em estruturas consolidadas e em interesses diversos. A burocracia curial não somente reproduz práticas seculares, mas também concepções eclesiológicas que podem justificar a conservação e dispensar as mudanças como traição da longa tradição.

Para além da Cúria, a Igreja Católica reproduz em sua organização padrões e dinâmicas emanados desse centro como exercício de poder pastoral descendente e centralizado. E tudo se fundamenta em estruturas e atos juridicamente corretos. Estamos diante de uma tradição racionalmente bem estruturada, que não necessita de mudanças para que possa funcionar, ou cumprir sua missão. Nesse sentido, toda reforma tenderá a ir de encontro com a estabilidade.

Contudo, o momento histórico testemunha uma crise no interior dessa instituição bem organizada. A Igreja Católica foi exposta ao juízo público com escândalos morais e financeiros. E não se trata somente de condutas moralmente desviadas, mas de um fato que revela a hipocrisia de um modo de vida legalmente disciplinado, delata o fracasso da norma e a insuficiência da estrutura normativa e institucional em oferecer soluções e garantir a unidade. Os episódios revelam ainda que essa mesma estrutura pode servir para ocultar os desvios e sequer mantém o controle político sobre si mesma, quando do centro do poder veio a surpresa de uma divisão incontornável. A renúncia de Bento XVI agudizou dramaticamente esse desgaste interno do poder central da Igreja Católica.

A crise pode ser vista, portanto, como tragédia que faz sucumbir uma era histórica ou como o início de um novo começo. A fé cristã é pascal. Crê que, quando tudo termina, tudo começa. Da crise mais radical emerge o novo pela força do Espírito que conduz os seguidores de Jesus Cristo na história. A Igreja não pode conduzir-se pelo medo nem pelo disfarce de suas crises, mas unicamente pela fé no poder que vem do Espírito do Ressuscitado e que conduz e refaz o Cristianismo no decorrer da história. Nesse sentido, a renovação da Igreja Católica é, antes de tudo, uma dinâmica permanente que chama para a consciência de si mesma e para a leitura da história como lugar de contradição.

O novo pontificado vem à tona como consciência da crise e como superação do mal-estar. Em seus primeiros gestos e atos, o Papa Francisco fez renascer a esperança de que seja possível um novo ardor missionário na Igreja Católica. Ele tem adotado um comportamento que rompe com os padrões institucionais do papado: atitudes e falas que sinalizam para uma nova compreensão do papel do pontífice e para uma nova prática do ministério. Ainda é cedo para se falar em reformas estruturais na Cúria e na Igreja e, menos ainda, em renovação da doutrina e da disciplina eclesiásticas. Contudo, do ponto de vista simbólico, o novo está inevitavelmente instaurado e não deixa de provocar esperanças no Povo de Deus.

A recente criação de um grupo de oito cardeais, formado por representantes de cinco continentes, que irão estudar uma reforma na

Cúria Romana, sinaliza nessa direção. Dele participarão, por exemplo, o arcebispo de Santiago do Chile, o Cardeal Francisco Javier Errázuriz Ossa, o arcebispo de Bombai, Oswald Gracias, o arcebispo de Munique, Reinhard Marx, e o arcebispo de Kinshasa (República Democrática do Congo), Laurent Monsengwo Pasinya, além do arcebispo de Boston, Sean Patrick O'Malley, e o cardeal de Tegucigalpa, Oscar Andrés Rodríguez Maradiaga, que terá a função de coordenador.

Com efeito, onde eclode o novo, pode haver choque com o velho, ou, mais precisamente, com o que fica fadado a sair de cena como velho. O novo se constrói proporcionalmente à desconstrução do velho. Trata-se de um jogo de forças entre o que insiste em permanecer e o que se instaura como renovação; jogo de busca de legitimidade que vai superando os primeiros impactos simbólicos e ganhando expressão política. Do contrário, tudo pode se rotinizar numa sucessão de atitudes simbólicas inéditas. E a saída do simbólico para o político renovador conta com forças legitimadoras concretas, capazes de construir um projeto de renovação ou de resistir em nome da conservação da norma e dos padrões estabelecidos. Certamente, seremos todos testemunhas oculares do que virá de agora em diante como decorrência do carisma tão visível de Francisco. Se o momento é de sonho, o momento seguinte deverá ser de consciência e compromisso com a renovação, apelo que deverá contar com a sintonia de todo o Povo de Deus, mas, de modo direto, com o episcopado e com o primeiro escalão da Cúria Romana.

Vale observar que muitas forças conservadoras já se encontram inquietas com as rupturas estéticas introduzidas pelo novo papa, mas, sobretudo, com o ideal "Igreja dos pobres", que, segundo acreditavam, era algo que havia desaparecido da Igreja, após as censuras à Teologia da Libertação. A programática reformadora do *carisma de Francisco* tem certamente pela frente uma história dolorosa de oposições e de pressões, em nome de privilégios conquistados e da passividade da conservação. A simplicidade do Evangelho se chocará inevitavelmente com a complexidade da estrutura eclesial e da burocracia eclesial. E não se trata de uma luta maniqueia entre os bons e os maus da Igreja, mas de uma lógica intrínseca ao poder instituído que resiste ao novo como perigo à preservação da tradição.

Contudo, por seu próprio fundamento, a Igreja deve renovar-se incessantemente. As fontes vivas do Evangelho que palpitam para além de todas as cristalizações institucionais não se deixam sufocar, mesmo quando parece desaparecer ou perder sua força. Por meios, caminhos e sujeitos diversos, a Igreja Católica poderá renascer na história e se apresentar como virgem prudente com suas candeias acesas.

Ah, como eu queria uma Igreja pobre e para os pobres!

DA CRISE À REFORMA
DA IGREJA CATÓLICA:
O NECESSÁRIO E O POSSÍVEL

UMA INSTITUIÇÃO EM CRISE EM UMA SOCIEDADE EM CRISE

Agenor Brighenti

Os motivos explicitados da inesperada renúncia do Papa Bento XVI não desqualificam outros tantos implícitos, num gesto que revela a consciência de uma profunda crise institucional na Igreja Católica. Ela não é novidade, pois vem de longe, sem que tenha havido a devida coragem e audácia de assumi-la, a partir de suas causas, dada sua complexidade. Na realidade, os fatores internos, em grande medida, se inserem numa crise de sociedade, ainda mais complexa e profunda que a da Igreja, obrigando-a, enquanto instituição, a situar-se dentro do Povo de Deus, que peregrina no seio de uma humanidade toda ela peregrinante.

O novo Papa Francisco, antes de dar a bênção *urbi et orbi*, inclinou-se diante do povo aglomerado na Praça de São Pedro e pediu que este primeiro implorasse as bênçãos de Deus sobre o bispo de Roma. De modo contundente, assinalava o caminho para a Igreja sair da crise: não há saída para a crise da Igreja, se a instituição eclesial continuar centrada sobre si mesma, à margem do Povo de Deus como um todo e, sobretudo, da crise da sociedade. No âmbito institucional, o primado romano precisa estar melhor situado no seio da colegialidade episcopal e, esta, exercida no interior da sinodalidade eclesial; no âmbito social, só uma Igreja-mãe, samaritana, no dizer de Paulo VI, uma Igreja pobre e dos pobres, pode levar os cristãos a sentirem-se companheiros de caminho de toda a humanidade e tornar-se apta para discernir e acolher os novos sinais dos tempos.

Como veremos na sequência, em uma das sessões da Congregação dos Cardeais, que antecederam o conclave de eleição do novo papa, o então Cardeal Bergoglio falava da necessidade de a Igreja "sair de si mesma e ir para as periferias", não só geográficas como existenciais. Para ele, citando H. de Lubac, as crises "que, ao longo do tempo, se dão nas instituições eclesiais, têm raiz na autorreferencialidade", uma espécie de narcisismo eclesial. E continua: "sem dar-se conta, a instituição crê que tem luz própria" e passa "a viver para dar glória uns aos outros".

Em tempos de crise, sempre que não nos deixamos pautar pelo risco da fé, na liberdade do Espírito que sopra para onde ele quer, cresce a tentação do entrincheiramento identitário e de fazer do passado um refúgio. Em nome de um Deus, que é sempre novo em cada manhã, a crise, por mais aguda e profunda que possa ser, jamais nos condena a repetir um passado, num presente que o tornou obsoleto, nem a resignarmo-nos ao momentaneismo ou ao presentismo.

Imersos em um tempo de profundas transformações

Não é consolo, é antes responsabilidade e tarefa: não só a Igreja como instituição está em crise; a sociedade, como um todo, está em crise. E mais que isso, de certa maneira, a crise da Igreja é também reflexo da crise da sociedade, não suficientemente assumida como igualmente sua. Às vezes, quiséramos ignorar, mas não há como negar. Sobram evidências de que estamos imersos em um tempo marcado por profundas transformações, em que se tem a sensação de que "tudo o que é sólido desmancha-se no ar" (K. Marx). Também na Igreja, por mais que nos agarremos a catecismos, regras e normas.

Na esteira da "crise da modernidade", que muitos têm caracterizado de "mudança epocal" ou "crise de civilização", apresenta-se a crise da "razão técnico-instrumental" (Escola de Frankfurt), seguida da "crise dos metarrelatos", apoiados numa "razão fria que desconhece as razões do coração" (B. Pascal). O "pensamento *light*" ou a "cultura do vazio", como bem os caracterizaram Gianni Vattimo e Gilles Lipovestsky, acenam para a única forma de razão – a "razão débil". As ciências em geral, que neste último século estiveram "muito mais próximas do poder do que da verdade" (Pedro Demo), estão em plena "crise de paradigmas" (Thomas Khun). Os grandes ideais sociais, que revoluções perseguiam, desembocaram no "desencanto das utopias", que parecem acenar para "o fim da história" (F. Fukuyama). Só restou o gosto amargo do presente, o "triunfo do indivíduo solitário" (González Faus). A técnica, aparentemente o único setor triunfante, é a responsável, no entanto, por um planeta enfermo, em que estão ameaçados a "vida humana e seus ecossistemas" (L. Boff). Apodera-se de todos um "sentimento de orfandade", marcado pela instabilidade, a insegurança e, em muitos casos, o medo e o apocaliptismo.

Na esfera religiosa, a "modernidade eclesial", enfim ocorrida cinco séculos mais tarde em relação à modernidade ocidental com o Concílio Vaticano II, também não deixa de apresentar hoje seus desencantos. Prova disso são suas diferentes hermenêuticas, algumas até antagônicas. Parece que, definitivamente, mergulhamos na sociedade dos "pós" – de uma sociedade pós-moderna, pós-religiosa, pós-industrial, pós-cristã etc.

Que nome dar ao nosso presente?

A expressão "pós-modernidade", utilizada para expressar a crise pela qual passa a modernidade, se presta a muitas interpretações, até antagônicas, o que atesta que a crítica à modernidade está longe de constituir um movimento unívoco. No debate atual, pelo menos três posturas antagônicas parecem caracterizar três hermenêuticas opostas e que já se perfilam em projetos históricos distintos:

a) a crítica à modernidade entendida como *antimodernidade,* advogando um retorno à pré-modernidade; uma crítica, não simplesmente à exasperação de seus valores, mas a seus pressupostos e teses, concebidos como antivalores; nesta postura, diante da encruzilhada do projeto civilizacional moderno, é preciso olhar para trás e não perder de vista a longa, estável e harmoniosa civilização pré-moderna.

b) a crítica à modernidade como *pós-modernidade*, materializada num movimento de desconstrução da razão científico-técnica e desembocando numa espécie de niilismo; o projeto civilizacional moderno teria chegado a um beco sem saída, a um impasse, isto é, esgotou a capacidade de criar outro projeto alternativo, de criar outro mundo; em lugar de preencher este vazio com coisas velhas, velhos deuses e velhos valores, só resta agarrar este vazio e criar algo a partir dele.

c) a crítica à modernidade, assumida como *sobremodernidade*, é a compreensão da modernidade a partir de seus valores, materializada numa postura de reimpostação e de ampliação de seu projeto, através de uma correção de seus excessos e do preenchimento de seus vazios; trata-se de um questionamento desde dentro, sem renunciar a ela.

Passadas já cinco décadas desta crise, sem que ainda tenhamos chegado ao fim, tudo parece mesmo indicar que este terceiro projeto histórico, cada vez mais, vai ganhando contornos mais nítidos em relação aos demais. Como bem advertiram J. Habermas e A. Tourraine, a atual "crise da modernidade" está longe de representar o ocaso deste "projeto civilizacional", de constituir-se realmente numa "pós-modernidade". Antes, apresenta-se o desafio de uma "sobremodernidade", que, ao lado da Primeira Ilustração (emancipação do sujeito individual e da razão subjetiva) e da Segunda Ilustração (emancipação dos sujeitos sociais e da razão prática), se constitua em uma Terceira Ilustração (emancipação da alteridade como gratuidade ou da razão comunicacional). Aparece uma séria tematização do "outro" como horizonte de sentido, caminho para "o grande Outro" (E. Levinas), o Absoluto, a verdadeira instância da ética (Wittgenstein), ausente nas principais esferas da vida social atual.

A crise da modernidade na Igreja, também com muitos nomes

A crise da modernidade não afeta somente a sociedade secular. Como crise holística, não menos importante é seu impacto sobre o *religioso*. Mais precisamente na esfera eclesial, correlacionado com a modernidade, está igualmente um evento de proporções imensuráveis: o Vaticano II. O Concílio, entre outros, quis ser expressão da reconciliação da Igreja com o mundo moderno, depois de cinco séculos de resistência. Hoje, diferentes hermenêuticas de um mesmo acontecimento atestam que ele também está em crise, o que permite afirmar que, analogicamente à crise da modernidade, há igualmente uma crise da "vaticanidade" (Vaticano II).

E da mesma forma que, diante da crise da modernidade, a grande pergunta é se ela, de fato, concluiu o seu projeto, diante da "crise da vaticanidade", a pergunta que se impõe é se o Concílio Vaticano II, realmente, chegou a seu ocaso ou se já esgotou suas possibilidades. No cinquentenário de sua realização, as tensões presentes em seu processo de recepção parecem indicar que não. O movimento de "pós-vaticanidade" está longe de configurar-se numa postura consensual. Analogicamente às duas posturas antagônicas, diante da crise da modernidade e da "vaticanidade", igualmente ao menos três posturas são hoje facilmente identificáveis:

a) uma crítica ao Vaticano II enquanto *antivaticanidade*, advogando por uma volta à cristandade; é preciso denunciar o "mito Vaticano II", e prova disso são suas expectativas despertadas e seus ideais acenados, mas não realizados; diante da necessidade de rechaçar em bloco os ideais da modernidade, nada mais oportuno que recorrer ao projeto de neocristandade do século XIX e sua postura apologética.

b) uma crítica ao Vaticano II caracterizada como *pós-vaticanidade*, que se materializa numa postura de desconstrução do "mito Vaticano II"; a Igreja da vaticanidade apresenta uma religião pouco personalizada, com escassa experiência pessoal interior, feita de ritos e práticas muitas vezes vazias, sem alma, sem convencimento; é preciso recuperar a experiência religiosa como uma experiência emocional do sagrado, valorizando o que toca o sentimento; só o primado do emocional é capaz de estabelecer um contraponto ante o emaranhado de ritualizações, burocracia e fórmulas estereotipadas das práticas religiosas excessivamente institucionalizadas.

c) e, uma crítica ao Vaticano II, concebida como *sobrevaticanidade*, que propõe uma "segunda recepção" ou a uma "recontextualização do Vaticano II"; para esta postura, a *antivaticanidade* é o que se poderia chamar de "involução eclesial" – o retorno ao projeto de neocristandade –, apoiada num novo paradigma neorromântico de sociedade; já a crítica à vaticanidade, enquanto *pós-vaticanidade*, é uma postura de refúgio na razão emocional, na qual o emocionalismo, mesmo dando segurança em tempos instáveis, não deixa de ser uma falsa segurança, deslocando a militância para a mística na esfera da subjetividade individual; para esta postura, nem tudo é caduco no Vaticano II, ao contrário, suas intuições fundamentais e seus princípios orientadores continuam pertinentes e relevantes para a época atual; o que é preciso é recontextualizá-lo no novo contexto em que vivemos e fazer uma segunda recepção de sua proposta.

Crise de sociedade, crise de Igreja

Evidentemente que, diante deste quadro de crise social e eclesial, marcado por diferentes hermenêuticas e projetos históricos de uma mesma situação, ser cristão no mundo de hoje não é uma tarefa propícia a seguranças. A crise da instituição eclesial e a crise da sociedade se entrelaçam, se reclamam, se desafiam, se complexificam, se esclarecem, se remetem mutuamente.

O Concílio Vaticano II, particularmente com a *Gaudium et Spes*, nos ajudou a tomar consciência de que o mundo é constitutivo da Igreja. Não é o mundo que está na Igreja, mas é a Igreja que está no mundo. Como frisou a *Lumen Gentium*, o Povo de Deus peregrina na história, no seio de uma humanidade peregrinante, e o destino do Povo de Deus não é diferente do destino de toda a humanidade. É neste espírito e perspectiva que a *Gaudium et Spes* abre seu texto: "as alegrias e as esperanças, as tristezas e as angústias dos homens de hoje, sobretudo dos pobres e de todos os que sofrem, são também as alegrias e as esperanças, as tristezas e as angústias dos discípulos de Cristo" (GS 1). Nada do que é humano é alheio ao divino e, em consequência, ao ser e ao fazer da Igreja.

Assim, mesmo que a Igreja busque incidir profeticamente no mundo por sua presença e serviço, é também radicalmente afetada por ele, para bem ou para mal, pois está nele, enquanto parte dele. Buscar sair do mundo é continuar dentro dele de forma alienada. Não há razão para fugir do mundo, ao contrário, sua missão implica inserir-se no mundo, dado que ela existe para ser mediação do Reino de Deus na concretude da história ("o que não é assumido não é redimido" – Irineu de Lion). Por isso, como a Igreja é portadora de uma diferença que precisa fazer diferença na sociedade, o normal seria que sempre que o mundo se distanciasse do cuidado da vida humana, dos ecossistemas e da natureza, a Igreja provocasse crise no mundo. Ou seja, procurasse forjar condições de mudanças, pelo seu testemunho, palavra, propostas e inserção dos cristãos na sociedade como cidadãos. E também o inverso: sempre que a sociedade entra em crise, dado que o mundo é constitutivo da Igreja, também esta deveria entrar em crise, não só assumindo que é parte dele, mas como condição para contribuir com sua superação.

Infelizmente, nem sempre isso acontece. No século XVI, com o advento da modernidade, o mundo entrou em crise, mergulhando num profundo processo de transformação, mas a Igreja não. Os movimentos reformadores que irromperam em seu seio tiveram que se separar dela ou enquadrar-se nos parâmetros da Contrarreforma, enquanto a história, à qual pertence a Igreja, continuava seu curso, a passos largos, sem sua contribuição. Como afirma o Cardeal Walter Kasper: "as grandes conquistas da modernidade se deram fora da Igreja, contra a Igreja, mas fundadas em valores evangélicos". Onde estava a instituição eclesial? Imune à interpelação de "novos sinais dos tempos", suscitados pelo Espírito, e à margem da nova sociedade emergente. Refugiou-se em seu castelo, suspendeu as pontes elevadiças e excomungou, em bloco, o mundo moderno.

Em torno ao Concílio Vaticano II, quinhentos anos depois, a Igreja Católica finalmente assumiu a crise, fez um *aggiornamento* de sua autocompreensão ("Igreja, que dizes de ti mesma?" – Paulo VI) e de sua forma de presença no mundo, superando, pelo menos em tese registrada em documentos, o longo e já esclerosado modelo de cristandade. Entretanto, embora a Igreja tenha assumido a crise, enquanto instituição pouco fez, de fato, para sair dela, deixando a renovação do Concílio Vaticano II a meio caminho. Houve, por parte de determinados segmentos da Igreja, esforços gigantescos e heroicos de renovação e de uma nova presença cristã no mundo, de forma profética e transformadora, mas eles esbarraram nas velhas estruturas obsoletas de uma instituição, em grande medida, fossilizada na história. O Vaticano II havia chamado a atenção de que "a tradição progride" ("tradição é a história do Espírito Santo na história do Povo de Deus" – Bruno Forte); que há uma "evolução do dogma", ou seja, que "a Igreja precisa mudar continuamente para ser sempre a mesma Igreja de Jesus Cristo no Espírito" (Dom Helder Camara), mas a instituição eclesial, sobretudo, pelo medo do novo, refugiou-se em tradicionalismos, de traços fundamentalistas. Os protestantes reformados, apoiados nos Santos Padres, cunharam a expressão – *ecclesia semper reformanda*. Estar em contínua reforma, porém, não é uma tarefa fácil, pois toda instituição carrega os efeitos de sua história, sobretudo, quando se trata de uma instituição de dois mil anos.

A renovação conciliar: uma tarefa pendente

No cinquentenário da realização do Vaticano II, podemos constatar que, por razões diversas, a renovação idealizada por João XXIII, formalizada nos dezesseis documentos do concílio e assumida fielmente por Paulo VI, pouco pôde avançar. A bem da verdade, é preciso admitir que, em muitos campos, houve retrocesso. Os bispos da América Latina e do Caribe, no *Documento de Aparecida*, registram: "tem nos faltado coragem, persistência e docilidade para continuar a renovação iniciada pelo Vaticano II e impulsionada pelas demais Conferências Gerais anteriores, em vista de um rosto latino-americano e caribenho de nossa Igreja" (DAp, 100h). Prova disso são "as tentativas de voltar a uma eclesiologia (clericalismo: documento original) e espiritualidade contrárias à renovação do Vaticano II" (DAp, 100b).

E, juntamente com Santo Domingo, propõem uma "conversão pastoral", para fazer a passagem de uma "pastoral de conservação", "baseada numa sacramentalização com pouca ênfase na prévia evangelização" [...] "numa época em que as estruturas sociais coincidiam com as estruturas religiosas" (Med 6,1), para uma pastoral de pós-cristandade, evangelizadora, "decididamente missionária" (DAp, 370).

Em outras palavras, na atualidade, enquanto a Igreja, sobretudo enquanto instituição, se debate entre a cristandade e a modernidade, o mundo de hoje, desde a década de 1950, está mergulhado na "pós-modernidade", pontualizando, mas avançando dentro do projeto civilizacional moderno. Quando tudo parecia indicar que com o Vaticano II a Igreja havia acertado o passo com a história da humanidade, deixado para trás a mentalidade de cristandade, na realidade, encontra-se novamente em descompasso com ela, quase que em direção oposta: a sociedade avançando e a Igreja, em muitos aspectos, retrocedendo em relação à renovação do Vaticano II. Nas décadas de 1970-1980, segmentos da Igreja, em todos os continentes, mas sobretudo na América Latina, arriscaram-se e avançaram em muitos campos da vida eclesial, mas se viram confrontados com inumeráveis entraves eclesiásticos. Não estavam rompendo com a tradição da Igreja, como alguns segmentos mais tradicionais alegaram, mas simplesmente fazendo do Vaticano II um "ponto de partida", tal como havia recomendado Paulo VI. Entretanto, a crua realidade era que o concílio aparecia para os segmentos eclesiais inconsequentes com os "novos sinais dos tempos", um difícil "ponto de chegada".

Em 1985, em torno ao Sínodo dos Bispos comemorativo dos vinte anos do encerramento do Vaticano II, a renovação proposta pelo concílio era posta em xeque. Propunha-se para seus documentos uma "hermenêutica da continuidade" da tradição – leia-se continuidade da cristandade ou neocristandade –, da tradição tridentina, logo estampada na doutrina, na teologia, no rito e nas vistosas alfaias litúrgicas, basicamente, visualizada na postura apologética diante do mundo. Vozes proféticas, já naquele momento, chamaram a atenção de que se estava mergulhando num processo gradativo de "involução ou inverno eclesial" (J. I. González Faus), de "noite escura" (J. Comblin) ou de "volta à grande disciplina" (J. B. Libanio).

Estas últimas três décadas não têm sido nada fáceis para os segmentos eclesiais comprometidos em levar adiante a renovação do Vaticano II, sobretudo na América Latina, onde estão de pé muitas iniciativas com esta perspectiva. Infelizmente, enquanto a sociedade se debate no discernimento da irrupção de novos valores, em meio à sempre desconcertante ambiguidade da história, nos deparamos com uma Igreja cada vez mais centrada em suas questões internas.

Nesse contexto de "pós-modernidade", tal como no advento da modernidade, segmentos influentes da Igreja voltam a olhar o mundo com desconfiança, impermeáveis às novas interpelações do Espírito. Perante os que procuram avançar na reflexão teológica e nas práticas eclesiais, tem se manifestado uma atitude inquisidora e desqualificadora dos ensaios proféticos das "minorias abraâmicas". Desconfia-se até da motivação de fé dos mártires das causas sociais, incluídos entre leigos e leigas, religiosas e padres, bispos como Dom Romero, escandalosamente, nenhum deles ainda canonizado.

Em meio ao drama de 75% das comunidades eclesiais sem Eucaristia, não se hesitou em satanizar as comunidades eclesiais de base e em cercear o acesso dos leigos e das mulheres a novos ministérios. Com o pretexto de salvaguardar a unidade da Igreja e a fidelidade à verdade, implementou-se um novo perfil de clero, sobretudo de bispo, mais eclesiástico que eclesial, mais refugiado no sagrado do que inserido na concretude da história da humanidade. Enfim, apesar da afirmação da sinodalidade da Igreja e da colegialidade episcopal pelo Concílio Vaticano II, intensificou-se a centralização da gestão da vida eclesial, particularmente na Cúria Romana.

A hora de reabrir-se ao mundo

Evidente que instituições em situação como esta, sobretudo quando se está não só remando contra a corrente a nível interno, mas em descompasso com a história, dia ou mais dia entram em colapso. Entretanto, em geral, mostram-se totalmente imprevidentes, incluída a Igreja, apesar de dizer-se caminhar sob o dinamismo e o protagonismo do Espírito. Tal como na vida pessoal, só se acorda e se muda de rumo quando há uma radicalização da crise, geralmente vinda de longe, num incidente pontual.

Foi neste contexto que chegou a nossos ouvidos a desconcertante notícia da renúncia de Bento XVI. Certamente, ninguém mais do que ele, na solidão de um cargo solitário, fez a experiência de carregar sobre os ombros uma instituição que precisava passar por um choque, sobretudo, de gestão. Ele, do alto de seus 87 anos, sentiu-se incapaz disso, por diversas razões, explícitas e implícitas. Alguma coisa teria que ser feita por outra pessoa que personalizasse aspirações contidas internamente e novos valores irrompidos externamente.

Era o momento de voltar a "abrir portas e janelas" para que a Igreja pudesse retomar o compasso da história e fazer um novo *aggiornamento* com os novos sinais dos tempos, suscitados pelo Espírito no seio de uma sociedade em profundas transformações.

Tal como já aludimos, ecos das sessões de trabalho da Congregação dos Cardeais, que antecederam o conclave de eleição do novo papa, deram este imperativo. Frisou-se, sobretudo referindo-se à Cúria Romana, que do modo como a Igreja está organizada "não funciona" e que precisa urgentemente voltar a funcionar. Neste particular, talvez, do que nos deram a conhecer destas sessões de trabalho, nada mais contundente do que o pronunciamento do então Cardeal Bergoglio, dias depois Papa Francisco. O teor de sua alocução nos chegou através do Cardeal Jaime Ortega, de Cuba, a quem o futuro papa passou o texto de seu próprio punho e letra. O texto, com o título "A doce e confortadora alegria de evangelizar", contém quatro pontos:

1. Evangelizar supõe zelo apostólico. Evangelizar supõe na Igreja a parrésia de sair de si mesma. A Igreja está chamada a sair de si mesma e ir para as periferias, não só as geográficas, mas também as existenciais: as periferias do mistério do pecado, da dor, da injustiça, da ignorância e prescindência religiosa, do pensamento, de toda miséria.

2. Quando a Igreja não sai de si mesma para evangelizar, torna-se autorreferencial e, então, adoece (cf. a mulher encurvada sobre si mesma, do Evangelho). Os males que, ao longo do tempo, se dão nas instituições eclesiais têm raiz na autorreferencialidade, uma espécie de narcisismo teológico. No Apocalipse, Jesus diz que está à porta e chama. Evidentemente, no texto, ele bate do lado de fora da porta, para entrar... Porém, penso nas vezes em que Jesus toca na porta desde dentro para que o deixemos sair. A Igreja autorreferencial prende Jesus dentro de si e não o deixa sair.

3. A Igreja, quando é autorreferencial, sem se dar conta, crê que tem luz própria; deixa de ser o *mysterium lunae* e dá lugar a este mal tão grave que é a mundaneidade espiritual (segundo De Lubac, o pior mal que pode a Igreja sofrer). Esse viver para dar glória uns aos outros. Simplificando, há duas imagens de Igreja: a Igreja evangelizadora, que sai de si – a *Dei Verbum religiose audiens et fidenter proclamans* –, ou a Igreja mundana que vive em si, de si, para si. Isso pode dar luz às possíveis mudanças e reformas que é preciso fazer para a salvação das pessoas.

4. Pensando no próximo papa: um homem que, desde a contemplação de Jesus Cristo e desde a adoração de Jesus Cristo, ajude a Igreja a sair de si em direção às periferias existenciais; que a ajude a ser mãe fecunda, que vive a doce e confortadora alegria de evangelizar.

Esta Igreja fechada em si mesma, autorreferenciada consigo mesma, nos remete também ao apóstolo Pedro no Monte Tabor: "façamos, aqui, três tendas...". Dizem os Evangelhos que Pedro reagiu assim porque "não entendia nada, pois estava tomado pelo medo" (Mc 9,6). Aqui está um retrato da Igreja de todos os tempos e, particularmente, dos tempos atuais. O entusiasmo do Tabor, tão presente em certos segmentos e movimentos eclesiais, pode ser uma reação perante o medo de enfrentar os desafios e as dificuldades do caminho a Jerusalém.

Entretanto, o Pedro do Monte Tabor é também o Pedro convertido de Cesareia, a cidade portuária do Mediterrâneo que a Bíblia denomina "grande mar" (Ez 47,10). Pedro havia sido pescador no "pequeno mar" da Galileia, onde nunca se perde de vista suas margens. Mas, impulsionado pelo Espírito, para aquele mesmo Pedro que teve medo e afundava no "pequeno mar" da Galileia é chegado o momento de, juntamente com Paulo, atravessar "o grande mar" dos limites desconhecidos. E, mesmo com sua parca bagagem de pescador, decide afrontar o mundo da cultura helênica e o poder romano.

A Igreja, que sempre se reconheceu no Simão do Tabor, sobretudo nos dias atuais, está chamada a seguir os passos de Pedro que parte de Cesareia. Está desafiada a afrontar o grande mar aparentemente hostil da sociedade secular, da autonomia do temporal, da razão autônoma e da miséria que suga a vida de dois terços da humanidade.

Parecia que a renovação do Vaticano II era irreversível. Mas voltaram o medo do mundo moderno, as posturas inquisidoras e defensivas perante os valores da modernidade, que vão dos direitos humanos à liberdade religiosa. Voltou a nostalgia da clareza e da uniformidade que proporcionava a cultura pré-moderna, bem como do lugar privilegiado que a Igreja ocupava na cristandade.

Sem medo nem preconceitos, o contexto atual desafia a Igreja a respeitar a autonomia do ser humano, a liberdade de consciência, a autonomia no seio de uma sociedade pluralista. Na postura de certos segmentos da Igreja, hoje, apresenta-se a ilusão de uma "subcultura eclesiástica" e, também, de fazer o próprio mundo à margem do mundo. Esta tentação do gueto se expressa na desconfiança de uma reflexão teológica, exercida com o rigor e a liberdade requeridos pela racionalidade moderna.

É preciso vencer o medo e continuar a viagem, atravessar o "grande mar" do projeto civilizacional moderno, em meio a profundas mudanças, com humildade, capacidade de escuta, diálogo e busca em comum. Como nos advertiu a *Gaudium et Spes* (n. 13), a Igreja não tem todas as respostas para os desafios do mundo de hoje. Mas, iluminada pela fé e sob o dinamismo do Espírito, se propõe a buscar respostas juntamente com todas as pessoas de boa vontade. Diante da complexidade dos problemas atuais, não pode haver senão propostas modestas, sem pretensões absolutas.

Em resumo, não podemos perder de vista que vivemos um tempo mais de buscas do que sínteses, mais ingente à criatividade do que ao plágio e à repetição. Debatemo-nos, todos, entre a aventura do risco do novo e o refúgio nas obsoletas seguranças do passado. Mas de nada valem nostalgias restauradoras ou a "volta à grande disciplina" (J. B. Libanio), muito menos pretensões de totalitarização ideológica, tributária da mentalidade de cristandade. É claro que, em se tratando da herança cristã, em meio ao relativismo moral e religioso reinante, impõe-se salvaguardar a autenticidade originária, a experiência fundante. Entretanto, a fidelidade autêntica não se exerce desde o medo, mas desde "a audácia de tecer do risco" (K. Rahner). A coragem de renovação é a única garantia de futuro.

Crise não é o fim da história, é travessia

As crises nos interpelam a olhar para o futuro, na fidelidade aos desafios do presente e tendo presente a experiência do passado.

Embora vivamos todos, sociedade e Igreja, tempos de perplexidade, marcados por um sentimento de impotência, as crises são sempre portadoras de esperança. Como nos adverte a sabedoria oriental, crise não é o "fim da história" ou um "beco sem saída". Crise é encruzilhada, ocasião de novas oportunidades, mas à condição de não fugirmos dela. Crise é metamorfose, passagem, travessia, ainda que tanto para a morte como para um novo nascimento, dependendo de como a enfrentamos. Travessia significa, portanto, não retroceder, mas avançar de uma margem à outra. Fugir da crise é presságio de um fim catastrófico; assumi-la é prenúncio de um tempo pascal, de um novo começo, no sulco do mesmo percurso. Não é nascimento, é renascimento.

No contexto da crise atual, é importante ter isso presente, pois a crise da modernidade não significa seu ocaso e muito menos nos condena a voltar à pré-modernidade e, no âmbito eclesial, à cristandade ou à neocristandade. É verdade que o projeto civilizacional moderno é responsável pelas maiores conquistas para a humanidade, mas, ao mesmo tempo, pelas maiores frustrações da história. Mas isso não significa que ele tenha sido um mero equívoco. Apesar de seus limites, não se podem descartar valores como democracia, liberdade, igualdade, ciência, estado de direito, tecnologia, autonomia da subjetividade, tolerância etc.

Entretanto, é preciso reconhecer que a sociedade moderna, fundada no mito do progresso, deixou sem respostas as questões mais ligadas à finalidade do progresso e da aventura tecnológica, à realização e à felicidade pessoal, enfim, ao sentido da vida. Prova disso é a irrupção de novas realidades, ante as quais o projeto civilizacional tornou-se mais curto do que falso e, com elas, a emergência de novas aspirações e valores. Em outras palavras, a crise atual deve-se mais à emergência de novas perguntas e à busca de novas respostas a aspirações legítimas, até então não contempladas, do que aos equívocos da modernidade, por mais numerosos e graves que tenham sido.

O mesmo se pode dizer em relação à crise atual da Igreja. Ela se deve mais a novas aspirações e valores legítimos não suficientemente assumidos do que a equívocos e contratestemunhos, por mais numerosos e graves que tenham sido e foram. Tal como em relação à crise da sociedade, a crise da Igreja desafia a instituição a dar um passo à frente, assumindo novas realidades emergentes dentro e fora dela, bem como a descentrar-se de si mesma e a acolher novos valores como autonomia, subjetividade, alteridade, gratuidade.

Conclusão

O modelo de Igreja acenado pelo Papa Francisco e sua postura diante do mundo lembram muito a figura de João XXIII. Ambos, habitados por um olhar sereno e otimista ante uma sociedade que, para os segmentos alinhados à neocristandade, conspira contra a Igreja. Em meio a luzes e sombras, há novos valores emergentes a acolher e novos sinais dos tempos a discernir, sem perder o senso crítico e a profecia.

A tarefa do Papa Francisco não será nada fácil. Também João XXIII encontrou muitas dificuldades em convocar um concílio que abrisse "portas e janelas da Igreja, para deixar entrar o ar fresco do mundo". Sobretudo, no seio da Cúria Romana, onde, também hoje, talvez resida o desafio maior de uma necessária e urgente reforma institucional. Acertadamente, o Papa Bom diagnosticava que "em nosso tempo abundam profetas de calamidades, para os quais não há nada de bom no mundo de hoje; no fundo, eles não aceitam a história; eles não assumem a radical ambiguidade da história".

Só uma Igreja-mãe é capaz de assumir esta ambiguidade, condição para discernir e acolher os desígnios de Deus revelados no coração da história e ser presença no mundo de uma Igreja-mestra da verdade que liberta, a começar de sua autorreferencialidade.

Se o Papa Francisco conseguirá imprimir um rosto de Igreja-mãe, samaritana, compassiva, pobre e dos pobres, como sonhava João XXIII, é ainda apenas uma esperança. Mas já é alvissareiro o bispo de Roma ter se mostrado um pai simples, acolhedor, próximo dos que sofrem, otimista. É preciso sonhar, pois, como diz Leonardo Boff, "nós não carregamos sonhos, são os sonhos que nos carregam; o imaginário pertence também ao real, à sua melhor parte".

Papa Francisco saúda Dom Raymundo Damasceno, presidente da CNBB.

A GRANDE (IN)DISCIPLINA: CRISE DE UM PROJETO

João Batista Libanio

Tudo começou em 1968. Ano divisor de águas. Naturalmente as correntezas já se vinham formando fazia alguns anos. Nos Estados Unidos da América, surgiu forte ebulição no mundo juvenil, especialmente por causa da guerra no Vietná (1955-1975). Os jovens não queriam ir ao Sudeste asiático encontrar a morte em uma guerra estúpida que ceifou milhões de vietnamitas e mais de 50 mil soldados americanos. Nomes como Freaks, Hippies, James Fonda e antes, na Grã-Bretanha, os Beatles anunciaram a explosão que os jovens franceses desencadearam. Os conflitos entre estudantes e polícia em Paris, em maio de 1968, geraram verdadeira convulsão social. E lá brotaram gritos de protestos que ultrapassaram, de longe, o episódio local, para se converter em traços de cultura. O lema "é proibido proibir" consagrou o movimento como explosão de liberdade sem limite. Eis a marca fundamental do momento cultural.

E na Igreja? Também tal fenômeno começou a atravessá-la no duplo sentido. De um lado, açula a liberdade no seu interior e, de outro, produz a reação da volta à disciplina. Tal ambivalência afeta, em primeiro lugar, a hierarquia que até então parecia deter tranquila autoridade sobre o interno da Igreja e respeitabilidade na sociedade. Para entender o significado da crise, percorramos rapidamente a trajetória histórica do firmar-se do tríplice poder na Igreja: papa, bispo e clero.

Centralidade romana

A diáspora judaica levou a fé cristã a entrar nas cidades gregas e assim construir lentamente os símbolos da fé, as primeiras práticas litúrgicas e institucionais. A Igreja nascente viveu tal fase sob forte perseguição. Debateu-se entre a liberdade, a criatividade, até entre as raias da heresia e a necessidade dos primeiros enquadramentos doutrinais e organizacionais. Os apologetas defendiam a verdade dogmática.

Inácio de Antioquia criou a primeira figura do que viria a ser o bispo e o papa. "Que nada façam à Igreja sem o conhecimento do bispo", e sobre Roma escreve a famosa frase de que "ela preside na caridade". Num segundo momento, depois da conversão do Império Romano, a hierarquia se firmou, só que ainda subserviente ao poder do imperador, e, depois, ao entrar da Idade Média, em harmonia e dependência do poder feudal.

A grande virada aconteceu no segundo milênio. Gregrório VII constituiu-se o símbolo. E o texto a ele atribuído, *Dictatus papae*, traduz com limpidez a concepção de poder absoluto do Romano Pontífice. Bastam duas afirmações para sentir o hálito ilimitado do poder: "Que só o Pontífice Romano seja dito legitimamente universal" e que "todos os príncipes devem beijar os pés do papa". E o mesmo teor se prolonga em vinte e sete itens.

Ainda na Idade Média, Inocêncio III (1198-1216) e Bonifácio VIII (1294-1303) reluzem com esplendor imperial. O último comparou o seu poder com o sol e submeteu o poder temporal à condição lunar de satélite. Até hoje resplandecem no Vaticano raios dessa luz solar.

Pio IX significará outra figura do poder hierárquico. A reunificação da Itália reduziu-lhe o domínio temporal. Gritou até o fim o *non possumus* da inconformidade, excomungando os realizadores da unidade italiana. Vestiu-se, porém, de enorme poder no interior da Igreja, respaldado pela dupla definição do primado universal e da infalibilidade do Romano Pontífice pelo Concílio Vaticano I (1870). Sacralizou definitivamente a supremacia de Roma que se prolongou, em grau menor, até o bispo nas dioceses e o pároco nas paróquias. A disciplina interna da Igreja recebeu aí a máxima consagração.

Tal disciplina fendeu-se por obra de gestos de João XXIII. Basta recordar alguns. Em clima de forte tensão entre a democracia cristã e o Partido Comunista na Itália, no coração da guerra fria, ele, em gesto pessoal simbólico, recebeu e conversou, em 1963, com a filha e o genro de Khrushchev (Secretário do Partido Comunista da União Soviética), em verdadeira tentativa de diálogo com a União Soviética. Em conversa simpática e afetivamente próxima com o arcebispo anglicano de Cantuária, Inglaterra, brincou: "Tão pouca coisa nos separam, somente as ideias". Com outros toques simpáticos de afeto, mudou o clima frio e hierático do Vaticano.

A fissura principal na rocha sólida da hierarquia tricêntrica veio do Concílio Vaticano II, não tanto pelo fato, pois ele poderia ter sido conservador. Mas, sobretudo, pela grandeza do discurso inaugural de João XXIII, que indicou pautas aos padres conciliares, na linha de não repetir doutrina nem condenar heresias, mas de assumir atitude ecumênica, pastoral e de diálogo.

E no desenrolar, o Concílio teceu a eclesiologia do Povo de Deus e da colegialidade, pensada no tríplice nível entre o papa e os bispos que, depois, desceria aos outros dois níveis da diocese e das comunidades eclesiais. A viatura pastoral de abertura acelerou no interior da Igreja nos anos pós-conciliares. Normas disciplinares quanto à veste clerical e ao comportamento do clero e dos religiosos, rubricas litúrgicas e inúmeras outras prescrições se viam desconsideradas. Multiplicavam-se experiências inovadoras em todos os setores da vida eclesial.

No entanto, o período de aparente anomia durou poucos anos. E, de novo, a força da tradição, tanto da imagem imperial dos idos de Gregório VII como da soberania absoluta de Pio IX, voltou a revisitar a Igreja nas três esferas. Três fatos parecem ter provocado em Paulo VI certa reticência em relação àquele entusiasmo inicial de abertura logo depois do Concílio.

Em 1968, ele publicou a Encíclica *Humanae Vitae*. Nela mantém o ensinamento anterior de considerar gravemente contra a ética o uso de anticonceptivos. As manchetes de vários jornais daquele dia exploraram jornalisticamente, de maneira escandalosa, tal intervenção pontifícia. Compararam-na a decisões do Kremlin. Ironizaram o "não" rotundo aos católicos. Alguns episcopados manifestaram descontentamento e até mesmo posição dissidente. O mais significativo irá aparecendo no decorrer dos anos. No segredo dos aconselhamentos ou no silêncio da consciência dos casais, as normas pontifícias se tornaram letra morta.

O outro fato se relacionava com o ministério sacerdotal e mais especificamente com o celibato sacerdotal. Diz-se que Paulo VI pensou em deixá-lo optativo também para a Igreja do Ocidente. Ao sondar, porém, o episcopado mundial, este teria mostrado reticências. Assumiu a corajosa posição de conceder dispensa a todos que lha pedissem. Tal decisão se voltou contra ele. Levaram-lhe o número alto de sacerdotes que deixaram o ministério, como que o culpando do fato. Um noticiário da BBC de Londres (8 de maio de 2007) alardeava que, de 1964 a 2004, 69 mil padres haviam abandonado a batina para se casar e, desse total, somente 16% se arrependeram e requisitaram o retorno ao sacerdócio.

Um terceiro dado impressionou o papa. Aquela renovação desencadeada pelo Concílio ultrapassara, assim muitos pensavam, os limites da sã doutrina, da necessária disciplina eclesiástica.

Então, Paulo VI, à medida que percebeu os três fatos da não aceitação da encíclica, a numerosa desistência dos sacerdotes e os avanços exagerados do Concílio, sentiu profunda tristeza e preocupação pelos caminhos que a Igreja estava a assumir. Chegou a usar expressões pesadas: "por alguma fresta entrou a fumaça de Satanás no Templo de Deus". Esperavam-se dias de sol para a Igreja, depois do Concílio, e, ao invés, nuvens, tempestades e escuridão a cobriram de incerteza. Sonhou-se com o ecumenismo e percebeu-se que as Igrejas se afastavam mutuamente. Numa palavra, caváramos abismos em vez de fechá-los.

Então, o que fazer? Iniciar um processo de restrição no interior da Igreja. Ele o iniciou. Mas os pontífices seguintes acentuá-lo-ão. Nos discursos inaugurais de pontificado, tanto João Paulo I como João Paulo II usaram a expressão "volta à grande disciplina" que, em alguns casos, parecia "pequena disciplina".

Mais: aconteceu nas últimas décadas o já esperado. No momento em que Igreja institucional na cúpula acenou para a urgência de rever a caminhada do Concílio Vaticano II, as forças conservadoras se uniram e iniciaram um processo crescente de fechamento dos canais pastorais, institucionais.

Tal reforço institucionalizante centralizador está a entrar em crise. Os escândalos de pedofilia e referentes à corrupção financeira, que explodiram no interior do Vaticano e em esferas eclesiásticas episcopais e clericais, acenderam o sinal de alarme. E, para coroar tal fragilidade, adveio a renúncia de Bento XVI.

Trincou, talvez definitivamente, o cálice de cristal da centralidade do poder papal e do clericalismo. A teologia do Primado, que se elaborara, sobretudo, a partir do Concílio Vaticano I (1870), sacralizou de tal modo o poder pontifício, que este se tornara algo sublime, inatingível, intocável, irrenunciável, a ser mantido até a morte. Dele se revestiam, em parte, os outros poderes do clero. Bento XVI, em vida e no uso normal de suas forças, renunciou a esse poder. Quebrou-lhe a sacralidade e o trouxe para dentro da fragilidade e contingência humana.

Portanto, cabe refletir, então, sobre todo o edifício que se construíra sobre ele como rocha inabalável. A grande disciplina, retomada pelos conservadores no pós-Vaticano II, sofreu doloroso golpe. Abriu esperança para o Papa Francisco pensar e concretizar outra maneira de exercer o ministério petrino. E se lá em cima acontecer mudança significativa, toda a estrutura clerical terá que ser repensada.

Retraimento profético e dependência maior de Roma

O momento inovador do Concílio Vaticano II e na América Latina, com a Conferência de Medellín, contou com um pequeno, mas extremamente valioso, grupo de bispos, assessores da Ação Católica, teólogos e leigos de comunidades de base.

O processo conservador minou os quatro pontos de renovação. Os bispos inovadores e profetas ou já morreram, como Dom Helder, Dom Fragoso, os primos Lorscheid(t)er, Dom Luís Gonzaga Fernandes, Dom Luciano e outros, ou já se tornaram eméritos e menos presentes como Dom Paulo Evaristo, Dom José Maria Pires, Dom Waldir, Dom Pedro Casaldáliga, Dom Tomás Balduino e outros. E não se viu surgir plêiade semelhante com vazio de liderança e, portanto, com maior dependência de Roma.

Substituíram a ação católica outros movimentos de caráter principalmente carismático, com lideranças de natureza menos comprometida com as transformações sociais e eclesiais. No campo da teologia, sente-se arrefecimento no nível de engajamento e criticidade, com toques espiritualistas. E as comunidades de base perdem o viço das décadas anteriores.

Tal quadro torna-se pouco esperançoso para a Igreja. Vieram experiências dolorosas de esvaziamento de fiéis em direção às Igrejas neopentecostais, além do crescimento dos sem religião e sem Deus. A disciplina implantada revela esterilidade. Será que se abre então o momento de escolher sementes novas, vivas, para lançar sobre o solo interno da Igreja? Cabe esperar que nasça maneira diferente na escolha e no exercício episcopal e, consequentemente, na vida do clero e na sua formação, e na presença participativa dos leigos?

Cerceamento à criatividade litúrgica

A renovação litúrgica dos anos pós-conciliares explodira a rigidez da reforma de Pio V. Pio XII já tinha iniciado algumas reformas, especialmente do ritual da Semana Santa. João XXIII também deixara algumas inovações no código de rubricas do missal, em 1962. Mas não passavam de blocos de neve em comparação com a avalanche desencadeada pela reforma litúrgica do Concílio Vaticano II e por Paulo VI.

O sopro que vem do poder de cima compara-se ao fenômeno borboleta. Uma borboleta bate as asas em Cingapura e explode um tufão no Caribe. O farfalhar do Concílio Vaticano II agitou as águas litúrgicas pelo mundo afora. Em certa paróquia, cada domingo o presidente da liturgia dispunha de anáfora eucarística diferente, com gestos originais, encontrada no enorme acervo criativo que se acumulara em vários países. Conta-se que o bispo, ao chegar a ela, com delicadeza, pedia ao pároco o missal, porque temia não dominar o rito que lhe tocava celebrar naquele domingo.

A disciplina voltou-se a domesticar tal turbulência. O missal oferece alternativas, mas dentro do limite de rubricas definidas. No entanto, existe certa insatisfação no ar, mesmo dentro da variedade atual. A figura do leigo ocupa pouco espaço na Igreja que, na quase totalidade leiga, se rege por minoria clerical estatisticamente apenas contabilizável. O que é um pároco para dezena de milhares de fiéis leigos? E dele depende a liturgia na quase totalidade? Há algo a ser pensado. É mais chocante ainda quando se pensa na mulher, que está excluída de todo o ministério ordenado. Campo que João Paulo II fechara à discussão. Teologicamente se discute se isso é definitivo ou se o novo Papa Francisco poderia abri-lo.

Endurecimento doutrinal e práxico

A disciplina desce da estrutura para a doutrina. Esta goza de relevância singular na Igreja Católica que, desde os inícios, zelou por ela. Debateu-se com as discordâncias. Chamou de hereges os que se afastavam da posição doutrinal comum. A etimologia do termo reflete o sentido do combate doutrinal. Heresia significa "escolha, opinião pessoal", em contraste com o ensinamento da comunidade.

O fato de o ensinamento se tornar heresia vem da ruptura com a comunidade, com o comum dos fiéis. No entanto, pouco a pouco o juízo se concentrou na mão da instituição hierárquica, criada para o controle das verdades da fé e da moral. Esta carregou vários nomes ao longo da história, como Santa Inquisição, Santo Ofício, Congregação para a Doutrina da Fé. Algumas atuações marcaram tristemente a memória da Igreja e levaram o Papa João Paulo II a pedir perdão ao mundo pelos abusos cometidos por homens da Igreja, no referente à execução de acusados de heresia. Ele celebrou, no 1º Domingo da Quaresma – 12 de março de 2000 –, ato penitencial na Basílica de São Pedro, sob a consigna: "Perdoemos e peçamos perdão!". Vários cardeais e arcebispos concelebrantes, membros da Cúria Romana, na oração universal, pediram perdão dos pecados, entre outros, pelos métodos usados em nome da fé e da moral na defesa da verdade.

As condenações frequentes de teólogos sistemáticos e moralistas nos dois últimos pontificados têm reavivado a dolorosa lembrança do escuro passado da Santa Inquisição. Em cultura cada vez mais tolerante e menos repressiva, em nível de pensamento, a disciplina e o rigor no controle dos ensinamentos e escritos teológicos têm gerado críticas, insatisfações e desprestígio para a Igreja. Mais: sem liberdade e sob coação, cerceia-se a criatividade de pensar. Transformar a *intelligentsia* em servidora da instituição conduz ao empobrecimento de ambas.

Tudo leva a crer que se repensem tais atitudes e se abram espaços na Igreja para o ar fresco a que João XXIII se referia, ao convocar o Concílio Vaticano II. Os desafios maiores situam-se no campo da moral sexual e da manipulação da vida nas pesquisas científicas. Campo difícil e tarefa espinhosa. Isso exigirá muita lucidez do atual pontificado para discernir entre posições tradicionais insustentáveis e acomodação fácil a qualquer aventura científica.

O diálogo ecumênico tem vivido nas últimas décadas oscilações de avanços e retrocessos. Em termos de diálogo entre teólogos luteranos e católicos, houve progressos no referente à Declaração Conjunta sobre a Doutrina da Justificação, mas não sem atritos no seu percurso. Os anglicanos e católicos chegaram a acordo sobre a figura de Maria. Em relação aos ortodoxos, gestos de visita e acolhida mútua da parte de Paulo VI, João Paulo II e Bento XVI e de Patriarcas Orientais de várias Igrejas revelaram um clima de abertura ecumênica.

O ponto alto da preocupação da Igreja Católica pelo ecumenismo consubstanciou-se na Encíclica de João Paulo II, *Ut num sint*, de impressionante ousadia e coragem. Nela afirma-se a necessidade teologal do ecumenismo, como exigência da fé cristã. Não se trata simplesmente de uma atitude de boa vontade pessoal das autoridades eclesiásticas, mas da vontade de Jesus. O papa reconhece com humildade que o exercício do ministério petrino tem sido empecilho para tal diálogo.

Tal confissão permaneceu sem efeito prático. Antes, a Declaração *Dominus Iesus* sobre a unicidade e a universalidade salvífica de Jesus Cristo e da Igreja, emanada da Congregação para a Doutrina da Fé, jogou água fria na brasa que a encíclica tinha acendido. Toca então ao Papa Francisco escolher o caminho a trilhar, posto diante da encruzilhada do refazimento do exercício petrino em linha ecumênica ou do reforço unilateral da Igreja Católica.

Mais espinhoso se apresenta o diálogo inter-religioso. Não afeta unicamente a Igreja Católica, mas a própria fé cristã. A globalização, o crescimento da religião muçulmana, a consciência crescente do valor das religiões indígenas e negras no continente latino-americano, a mobilidade das massas pelos continentes, levando consigo as próprias religiões, criaram no Ocidente um panorama religioso diferente. A cristandade europeia, que levou a fé cristã ao mundo inteiro, já não existe. A disciplina restritiva religiosa conduzirá o cristianismo à condição de diáspora, de minoria fechada em si mesma, se ele não assumir certa (in)disciplina dialogal com as diferentes religiões e com o fenômeno religioso difuso.

Cresce por todas as partes a consciência ecológica. Leonardo Boff não se cansa de escrever e interpelar a consciência cívica, religiosa e cristã, no sentido de assumir com unhas e dentes a causa ecológica. Está em jogo o futuro da vida no Planeta Terra, e com ele o de toda a humanidade. A terra continuará a girar em torno do sol, mas estéril, sem vida, sem os seres humanos. A tradição bíblica e cristã, revista e reinterpretada, oferece aspectos importantes e originais para a causa ecológica. Não se perde em mística cósmica, impessoal, mas reconhece no Deus criador e no Cristo ressuscitado húmus fecundo para plantar o futuro ecológico da humanidade. Soa a bom augúrio que o papa se chame Francisco, o santo associado ao cuidado da natureza por sensibilidade maravilhosa e anunciadora.

Fechando o círculo da tensão entre a disciplina e indisciplina, está o campo da práxis. Não se trata de qualquer agir, mas daquele que interfere nas relações sociais, iluminado por teoria esclarecedora. A teologia da libertação exceleu em articular a fé cristã com a ação transformadora da realidade. Ousou, com liberdade crítica e responsável, sem comprometer a fé, assumir elementos das ciências sociais para interpretar o conflito presente na sociedade e encontrar saídas. O fato de alguns elementos terem sido trabalhados por marxistas não significa nenhuma traição ao Evangelho, mas coragem de descobrir pepitas de ouro onde elas se encontram, sem preconceitos ideológicos. Em termos teológicos, fala-se de "sementes do Verbo".

A disciplina eclesiástica nem sempre percebeu tal propósito, e vieram condenações abrangentes. A (in)disciplina implica precisamente o esforço de distinção e lucidez. A distinção significa que não se aceita nenhum sistema na totalidade por ele mesmo, seja capitalista, seja socialista. Mas, com olhar crítico e lúcido, buscam-se aqueles elementos que nos permitam ser coerentes com o Evangelho na intelecção interpretativa da realidade social e na consequente práxis libertadora.

Os gestos do Papa Francisco têm mostrado abertura social e proximidade com os pobres. O tempo nos dirá se significam uma nova postura, em face da práxis social que a teologia da libertação tanto trabalhou. Há sinais de que a (in)disciplina libertadora permanece viva, haja vista o Congresso Continental de Teologia, celebrado em São Leopoldo, em outubro de 2012.

Conclusão

A imposição da grande disciplina que, em muitos pontos, se manifestou pequena e tacanha, tem mostrado insuficiência em rachaduras na estrutura hierárquica, na atuação episcopal e clerical, no ritualismo litúrgico, na vigilância repressiva doutrinal, moral e práxica. Grita-se por participação em todos os níveis eclesiais, pela presença da mulher em instâncias de decisão, pela atuação profética no mundo episcopal e clerical, pela criatividade litúrgica popular, pela liberdade de pensar e expressar-se na teologia sistemática, moral e na práxis libertadora e, finalmente, por uma Igreja que seja antes "rede de comunidades" que estrutura verticalizada. No fundo, espera-se um projeto de Igreja que responda ao atual paradigma organizacional, ritual, teológico, religioso e pastoral.

Não devemos ter medo da bondade, ou mesmo da ternura.

DE UMA CRISE SEM PRECEDENTES AOS PRECEDENTES DE MUITAS CRISES

A URGÊNCIA DE UMA NOVA COMPREENSÃO DA SEXUALIDADE

Ronaldo Zacharias

Há anos assumi o compromisso de tentar compreender o que muitos apontam existir na Igreja: um cisma submerso, no que se refere ao ensinamento católico, a respeito da sexualidade e à prática dos fiéis. Ser católico, para a grande maioria dos fiéis, e até mesmo para os praticantes, e viver distante do ensinamento oficial do Magistério sobre questões sexuais são realidades que não necessariamente se excluem. Há inúmeras possibilidades de análise do atual fenômeno.

Tendo presente a natureza deste capítulo, vou me ater a duas tentativas de ilustração-interpretação. Uma se refere à vivência da sexualidade por parte de quem "abraçou" o celibato ou o voto de castidade como modo concreto de se realizar no amor. Outra diz respeito à compreensão moral da própria sexualidade como dom de Deus a ser abraçado e integrado num projeto de vida.

Uma crise sem precedentes

Como Igreja, estamos vivendo uma das mais profundas crises da nossa história: os escândalos sexuais envolvendo padres e religiosos e as reações nem sempre adequadas das autoridades competentes têm eclipsado séculos de evangelização.

Os abusos sexuais contra crianças, adolescentes e jovens foram por décadas negados ou minimizados tanto pelos abusadores quanto pela instituição eclesiástica. A exploração sexual de religiosas por sacerdotes e bispos continua sendo assunto tabu em alguns lugares do mundo. O alto índice de pessoas homossexuais na vida religiosa e no sacerdócio ainda é um tema trancado a sete chaves dentro do armário. O fato de muitos padres e religiosos serem portadores do HIV, ou morrerem de AIDS, é uma realidade que nem sequer passa pela cabeça de muitos. Que muitos padres tenham mulheres, amantes e filhos é um assunto que ninguém ousa, na prática, enfrentar. E o que dizer a respeito de seminaristas ou religiosos que são sexualmente ativos? Como lidar com aqueles que já se tornaram sexualmente dependentes da internet? Reconheço, no entanto, que entre o clero e os religiosos há muito de santidade e de esforço para viver com coerência o celibato e/ou o voto de castidade e para integrar a sexualidade no próprio projeto de vida.

Mas não é este o foco da presente reflexão. O que está em jogo é a urgência de superar a atitude de negação e de indiferença diante de tais situações e a decisão firme de não continuar atribuindo à fraqueza pessoal, à fragilidade vocacional, à falta de disciplina, à formação deficiente e até mesmo ao pecado original a exclusiva responsabilidade pela crise que estamos enfrentando.

O fato de alguns problemas serem tratados com intolerância pela sociedade, como é o caso do abuso sexual de crianças, obrigou a Igreja a superar a arrogância de muitas autoridades, o silêncio e a negação por parte de tantas outras e os mecanismos desleais de pressão para silenciar as vítimas a fim de "salvar" a reputação do sacerdócio e da instituição como um todo. Falta, a meu ver, enfrentar uma das mais arraigadas raízes dos problemas antes citados: os fatores estruturais ou sistêmicos. É hora de questionar o entendimento da castidade e do celibato e a consequente racionalização de certo estilo de vida. Apelar para o fato de que o celibato obrigatório seja o grande vilão não resolve o problema.

É preciso reconhecer que a autoridade e a imagem da instituição não são preservadas quando se desvia o olhar dos problemas ou se finge não vê-los. O mesmo vale no âmbito pessoal: faz-se mister reconhecer que a conivência e a omissão "protegem" a própria imagem ou os próprios interesses por um tempo, mas corroem a integridade de quem se acovarda diante da realidade. Não podemos negar que, infelizmente, o desejo de fazer carreira, de não macular o próprio poder, de não comprometer a própria imagem insere os interessados no jogo perverso do "faz de conta" ou amortece-lhes a consciência moral e, consequentemente, o compromisso com a verdade e com o Evangelho.

Sexualidade, orientação sexual e desejo sexual são temas que, em geral, não fazem parte do processo formativo dos candidatos à vida religiosa ou sacerdotal. Quando muito, são tratados em foro íntimo. O mesmo acontece depois da profissão perpétua e da ordenação sacerdotal. Vivemos como se não sentíssemos desejo algum. Quando o desejo está à flor da pele ou até mesmo quase ausente, não sabemos o que fazer ou com quem falar. De forma bastante velada, vivemos como se a vida fosse destituída de qualquer expressão sexual. Ledo engano! O desejo é espontâneo, chega sem pedir licença, entra sem autorização, invade sem escrúpulo. E, quando não sabemos o que fazer com ele, o reprimimos. Resta a repressão porque não fomos educados à integração. Integração exige maturidade emocional e psicossexual. Sem ela, a própria renúncia ao sexo pode levar a expressões doentias e até mesmo destrutivas da sexualidade.

Considera-se, de fato, que o sinal mais evidente de maturidade emocional e psicológica é a capacidade de sair de si, de abrir-se e doar-se ao outro. Embora esta conquista seja uma tarefa de toda a vida, a atenção a uma proposta formativa ou a um estilo de vida que favorece a atração narcisista, isto é, a absorção em si mesmo, tem de ser uma preocupação constante. Na dinâmica de abertura ao outro, é preciso educar-se a um modo de ser e de se colocar diante dele de forma a gerar relações de reciprocidade. Infelizmente, autoritarismo, rigorismo, moralismo, dogmatismo são manifestações que, além de bloquear a comunicação sincera entre as pessoas, revelam a falta de integração da sexualidade na personalidade e, consequentemente, a dificuldade de estabelecer relações significativas e experiências de amizade com ambos os sexos, condição sem a qual se torna impossível realizar-se como pessoa e, portanto, ser uma pessoa sexualmente realizada.

Partindo do pressuposto que a orientação afetivo-sexual faz parte da identidade do sujeito, isto é, do seu modo de se autocompreender como homem ou mulher, não podemos favorecer uma cultura em que as pessoas se tranquem no armário e joguem a chave fora acreditando que dentro dele deixaram os próprios problemas. Essa cultura fomenta o medo, a hipocrisia, o silêncio, a exclusão, mas não evita a formação de subculturas também excludentes e hipócritas, agressivas e fóbicas. Admitir a própria orientação afetivo-sexual é o primeiro passo para integrá-la num projeto de vida. Ser acolhido e respeitado como pessoa que deseja buscar a santidade de vida é a primeira condição para viver em paz com a própria orientação. Caso contrário, continuaremos assistindo a pessoas enrustidas se disfarçando de heterossexuais e tantas outras homofóbicas se vangloriando de serem pretensamente "normais".

A orientação afetivo-sexual pode não ser o nó da questão, como muitos afirmam, mas o fato de religiosos e padres hetero e homossexuais serem sexualmente ativos o é. Infelizmente, em muitos contextos, respira-se um ar de que o importante não é ser fiel aos compromissos assumidos, mas agir com discrição quando não for possível cumpri-los. O reconhecimento da dificuldade de viver a abstinência sexual é confundido com liceidade para práticas sexuais realizadas "discretamente". Há ainda os que se refugiam no fato de que, desde que a prática não seja com crianças e, portanto, criminosas, devem ser toleradas como expressão daquilo que é próprio do humano, a fraqueza e a fragilidade. Sob o manto da discrição e da tolerância, podem se abrigar práticas anônimas e abusivas.

Quando se trata de formação para a afetividade e a castidade, devemos reconhecer que, em geral, nos contentamos com um tipo de formação "tamanho único". Justamente porque não sabemos o que propor, acreditamos que basta o conhecimento das orientações do Magistério para que todos saibam o que fazer e como se comportar em relação ao próprio desejo e às próprias fantasias. Idealizamos e espiritualizamos facilmente a questão, deixando os formandos sem pontos de referência. Praticamente, os entregamos ao silêncio e à solidão. Sem nos darmos conta, criamos uma série de circunstâncias que acabam dando origem a comportamentos que constituem o foco da crise que estamos enfrentando.

Sem a pretensão de oferecer receitas prontas para a superação de tal crise, ouso sugerir que reconheçamos como válidas algumas indicações concretas:

- À aspiração subjetiva por um estilo de vida que pressupõe a vivência do celibato e da castidade, deve corresponder uma real capacidade objetiva de viver as exigências da renúncia à conjugalidade, a saber, a renúncia a um(a) companheiro(a) com o(a) qual partilhar a intimidade, assim como à vida sexualmente ativa e à paternidade/maternidade biológica. Nem todos são chamados à vida celibatária, do mesmo modo que a castidade não é um dom concedido a todos.

- A tarefa por excelência à qual nos devemos dedicar a vida toda é a de buscar a integração da sexualidade no nosso projeto de vida, reconhecendo que o indicativo de tal integração é o sentido que a sexualidade ocupa no conjunto da própria personalidade. A tensão excessiva para controlar os próprios desejos e impulsos sexuais deve ser vista como um sinal de alerta no processo de discernimento vocacional. Quando as melhores energias são gastas obsessivamente no autocontrole, é sinal evidente de que Deus não chama para tal estilo de vida.

- Todo discernimento sério tem de levar em conta as verdadeiras motivações que estão na origem da opção por uma determinada forma de viver o amor e, portanto, de se realizar como homem ou mulher, hetero ou homossexual. Num estilo de vida eminentemente ministerial, a capacidade relacional e a capacidade real de oblatividade são critérios de discernimento por excelência.

- Se o ministro ordenado ou consagrado não reconhecer que é chamado a amar como pobre, dificilmente conseguirá amar. Amar como pobre implica aceitar não poder dar ao outro aquilo que não mais lhe pertence; implica o silêncio de certo tipo de linguagem para se expressar; implica liberdade e autonomia sobre qualquer tipo de vínculo que aprisione ou impeça de respeitar os limites impostos por um amor que se manifesta como total entrega e doação de si.

- Somos chamados continuamente a superar o perigoso "narcisismo perfeccionista", isto é, a obsessão por alcançar o amadurecimento pleno. Pessoa madura afetiva e sexualmente é aquela capaz de se reconciliar com as próprias limitações, de não absolutizar a própria vontade, de viver a solidão da sua consagração, de se reconhecer totalmente dependente da "videira", se quiser produzir frutos, de ser humilde o suficiente para admitir que há e haverá infidelidade toda vez que não existir fecundidade, de ser corajosa a ponto de deixar-se transformar pela Palavra rezada e contemplada, de ser honesta consigo mesma quando for preciso admitir o próprio pecado e a consequente necessidade de misericórdia.

A crise que estamos enfrentando é uma crise de credibilidade. Ela espelha alguns reflexos de um cisma submerso até mesmo entre aqueles que, por meio de juramento, promessa ou voto, acreditaram que poderiam viver o que professaram, mas que nem sempre conseguiram, de fato, entender o que professaram.

Precedentes de muitas crises

Se formos honestos, reconheceremos que o presente cisma existente entre o que o Magistério ensina sobre questões sexuais e o que os fiéis vivem compromete tanto o sentido de eclesialidade como de comunhão. A distância entre o Magistério e os fiéis em matéria de sexualidade aumenta, e isso faz o ensinamento da Igreja correr o risco de ser transmitido por ondas não mais captadas pela sensibilidade contemporânea. O resultado não seria outro senão dois mundos completamente diferentes, com sensibilidades irreconciliáveis e valores radicalmente distintos. Urge encarar com coragem alguns precedentes que podem estar na origem da muitas crises que estamos enfrentando.

A meu ver, a identificação da moral sexual com o ensinamento do Magistério sobre sexualidade e a abordagem da moral sexual no contexto do matrimônio são duas razões que explicam as dificuldades que temos de lidar praticamente com questões sexuais na orientação e no acompanhamento das pessoas. Essa dificuldade resulta ainda mais evidente quando a orientação pastoral sobre assuntos sexuais se reduz à apresentação das normas da Igreja ou quando o critério para avaliar a moralidade de determinado comportamento é a conformidade com tais normas. Evidência explícita dessa dificuldade é o fato de as normas serem completamente ignoradas ou substituídas, quando necessário, por uma atitude pastoral considerada mais misericordiosa. Resulta evidente que precisamos de um novo modelo ético para poder mediar eficazmente a integração entre o que a Igreja ensina e as necessidades dos fiéis.

Para o Magistério da Igreja, o contexto que torna autenticamente humana uma relação amorosa é a instituição do matrimônio. Mesmo para aqueles aos quais o matrimônio é o contexto ideal para relações de intimidade sexual, torna-se muito difícil pressupor que não exista outro contexto responsável para relações de intimidade entre as pessoas não casadas. Quando o matrimônio é assumido como o único contexto ideal para as relações de intimidade sexual, não há o que propor para os não casados a não ser a abstinência sexual, entendida como privação do uso do sexo para obtenção do prazer. Mas isso é muito pouco considerando a riqueza do convite à castidade feito a todas as pessoas! A castidade, entendida como um modo de vida que capacita a pessoa a humanizar e integrar a própria sexualidade em todo tipo de relação, seria a proposta ideal para aqueles que, sexualmente ativos ou não, desejam estabelecer relações que sejam expressão de fidelidade, justiça, reciprocidade, doação, amor, compromisso.

Se há algo de que a Igreja não pode ser acusada é a sua concepção a respeito da sexualidade humana. Longe de reduzi-la a um mero acidente, atributo ou qualidade da pessoa, a sexualidade é assumida como dimensão constitutiva do ser humano, como específico modo de "viver na carne". No entanto, quando se trata da vivência da sexualidade fora do contexto do matrimônio, a concepção holística da sexualidade exerce pouca influência. Subjaz a esta ambiguidade a relação entre conhecimento moral objetivo e experiência moral subjetiva. Quando a objetividade do conhecimento moral é determinada exclusivamente por valores morais que devem ser perfeitamente realizados, toda e qualquer prática que escape desta realidade é considerada objetivamente como grave desordem moral, independentemente das circunstâncias e das intenções do sujeito. Desta forma, corre-se o risco de reduzir a sensibilidade pastoral a uma questão de justificar por que as pessoas nem sempre são subjetivamente culpadas por suas ações erradas, mesmo que o que elas tenham feito seja considerado objetivamente grave. Conclusão: não se pode esperar mais do que respostas "cosméticas" para certos dilemas morais!

Se a sexualidade é, de fato, um dom a ser integrado em nossas vidas e se nós somos chamados a nos realizar como pessoas sexuadas, integrando o que somos com o que fazemos, o nosso modo de viver deve favorecer tal integração. Acreditar que a abstinência sexual seja o único caminho por meio do qual os não casados podem alcançar a excelência moral, ou que o autocontrole é a virtude mais importante para preservar a abstinência sexual, efetivamente não ajuda as pessoas a integrarem o que são e o que vivem em relação à sexualidade. A ênfase na iliceidade de todo comportamento sexual fora do matrimônio não pode continuar tendo prioridade sobre a ênfase nas disposições que deveriam ser desenvolvidas para se viver uma vida sexualmente responsável. Não há dúvida de que a abstinência sexual proposta aos não casados tem grande importância no processo educativo dos adolescentes e jovens. Contudo, o que está em jogo é o fato de que ela, sozinha, não pode ser a única proposta para alcançar a excelência moral na vivência da sexualidade, o único meio de realização sexual. A dicotomia entre ser-agir que subjaz ao ensinamento do Magistério em matéria sexual precisa ser superada se quisermos, como instituição, enfrentar a insignificância da nossa proposta para a maioria das pessoas.

A questão moral, no que se refere à prática sexual, não pode ser reduzida a uma questão de quais atos são permitidos para quem e sob quais circunstâncias. Trata-se, sobretudo, do esforço para alcançar a melhor condição para viver, nos limites da própria situação, os significados positivos inerentes à sexualidade. Isso implica que, embora devamos levar em consideração princípios *a priori* e o *status* jurídico da pessoa como elementos importantes na avaliação moral de certos comportamentos, não podemos manipulá-los a ponto de enquadrar o exercício da sexualidade dentro dos limites de uma relação conjugal heterossexual. Uma ética sexual cristã deveria ser uma ética sobre a qualidade das relações entre as pessoas e não sobre o que pode ou não ser feito. A ética sexual cristã precisa ser pensada como uma ética da sexualidade que deve expressar as vozes de todos os humanos, sejam eles casados, solteiros, viúvos, separados, consagrados, hetero ou homossexuais. Devem ser eles o sujeito do discurso e não um mero objeto sobre o qual se propõe um discurso.

O respeito por si mesmo e pelo outro implica, muitas vezes, a necessidade de tomar as medidas apropriadas para proteger o próprio corpo e a relação como um todo. Medidas apropriadas devem ser apropriadas para as pessoas no contexto sociocultural, econômico e religioso em que vivem. Isso significa que a prevenção pode expressar diferentes conteúdos e formas. O uso do preservativo, por exemplo, num contexto em que a difusão do HIV é epidêmica, é reivindicado como uma forma apropriada de prevenção. Se, por um lado, não é apenas o sexo seguro que garante a moralidade da ação, por outro, não se pode negar que ele seja, em muitas situações, expressão de amor a si mesmo e ao outro, sobretudo quando o amor se expressa por meio da reciprocidade, da confiança e da vulnerabilidade das pessoas envolvidas. No entanto, medidas apropriadas não podem ser reduzidas apenas a evitar machucar-se ou machucar o outro. Elas devem promover, reforçar e assegurar o desejo de entrar em relações mais justas e fiéis consigo mesmo e com os outros.

Sem abrir mão dos ideais morais a serem propostos, faz-se urgente elaborar uma ética sexual que assuma seriamente a fraqueza humana, que acolha a pessoa em sua vulnerabilidade, que afirme a capacidade humana para o bem, mesmo dentro de situações caóticas, que reconheça que, em determinadas circunstâncias, não há outra opção senão realizar não tanto o que é humano, mas o menos desumano. Isso significa optar, praticamente, por aquilo que é possível e não tanto por aquilo que é desejável. Trata-se de uma ética sexual que não dispensa o confronto com o ideal e a abertura aos apelos que provêm dele, sobretudo evangélicos, mas que reconhece que, em certos momentos, o ideal não pode ser plenamente realizado e que isso não diminui o valor moral das próprias escolhas. O fato de as pessoas não conseguirem ou poderem viver a plenitude do ideal moral proposto a elas não significa que as próprias escolhas não expressem nenhuma bondade moral. Conclusão: não dá mais para pensar a moralidade apenas em termos de tudo ou nada! Se tivermos presente que é a disposição para acolher a Boa-Nova na própria vida e deixar-se transformar por ela a exigência primeira para percorrer um caminho de santidade, não há como não assumir a tolerância e a gradualidade como imperativos morais!

Faz-se urgente repensar a ética da sexualidade cristã. Mas isso não é uma tarefa exclusiva nem dos teólogos moralistas nem do Magistério da Igreja. O repensamento da ética sexual é responsabilidade de toda a comunidade eclesial. Mais ainda, se porventura a comunidade eclesial excluir alguém por causa do modo de formular e apresentar as exigências éticas do Evangelho, torna-se uma obrigação moral repensar toda a sua prática à luz dos feitos de Jesus. No entanto, esse repensamento não se pode dar no vácuo. A comunidade eclesial precisa abrir-se e ouvir as vozes daqueles que são ou se sentem excluídos. Isso significa colocar as pessoas no centro da própria reflexão e deixar que elas expressem – no sentido de dar voz – as suas necessidades, dificuldades, sonhos e esperanças. Acreditando que as "sementes do Verbo" estão em todo lugar, não podemos ignorar o fato de que as pessoas que são ou se sentem excluídas possam encontrar modos de encarnar certos valores evangélicos mesmo em contextos distantes do ideal evangélico. Isso não as dispensa, é claro, de confrontar-se com os valores evangélicos dos quais se distanciaram ou até mesmo ignoraram. Se o Deus experienciado pela comunidade eclesial é aquele que leva a sério a fraqueza humana, não para condená-la, mas para redimi-la; se ele é experienciado como aquele que confia na capacidade humana para o bem, não será difícil entender que a prioridade deverá ser dada ao tipo de pessoa que alguém está se tornando ao deixar-se transformar pelo amor de Deus e ao esforço feito para produzir frutos na caridade, seja qual for o seu estado ou condição de vida.

Toda e qualquer proposta moral não pode ignorar o fato de que as normas morais têm função pedagógica. É a situação que definirá o modo como apresentá-las: não há problema algum quando a situação requerer que as normas sejam apresentadas como regras concretas que permitem ou proíbem certos comportamentos ou como um apelo à autenticidade e autonomia. Para além de todo tipo de formulação normativa, em todas as situações, a prioridade deve ser dada sempre aos valores que as normas expressam. O convite a abraçar e encarnar determinados valores é o que conta. Isso significa que as normas têm um papel relativo: elas são importantes na medida em que alguém precise delas. Enquanto cristãos, somos chamados ao seguimento de Cristo, seguimento que implica adesão à sua pessoa e ao seu projeto de vida. Praticamente, isso significa que toda e qualquer experiência moral deveria derivar desta opção.

Na perspectiva de uma ética do crescimento, até mesmo o seguimento de Jesus tem um caráter progressivo. Ele não requer, como ponto de partida ou como condição fundamental, adesão a uma doutrina específica ou a um conjunto de normas, mas à vontade de abraçar o Reino na própria vida, Reino no qual "santidade" tem muitas diferentes expressões. E, por incrível que pareça para alguns, foi isso que a Igreja sempre acreditou e ensinou!

Há quem afirme que, se o ensino do Magistério sobre sexualidade fosse, de fato, inspirado pela Palavra de Deus, os textos não serviriam apenas como notas de rodapé para justificar a existência de normas morais tidas como absolutas. O modo como habitualmente os documentos eclesiais sobre sexualidade lidam com a Sagrada Escritura carece de levar em conta os processos exegético e hermenêutico na compreensão do texto e do seu significado. Quando isso acontece, o risco é evidente: o significado do texto e, mais ainda, a verdade desse texto fica em segundo plano, diante do fato de ele servir ou não para comprovar o que se pretende que comprove. Não há como não questionar este tipo de recurso à Sagrada Escritura! Afinal de contas, quais são os critérios usados para escolher este ou aquele texto e dar a ele maior ou menor autoridade? Tais critérios derivam da própria Sagrada Escritura ou dependem de quem a lê? Quando um texto é escolhido porque serve perfeitamente ao interesse de quem o escolhe, a autoridade do próprio texto fica comprometida. O significado de assumir a Sagrada Escritura como alma da reflexão teológica é tarefa que ainda temos de aprender!

Poderíamos ampliar o leque dos precedentes das tantas crises que estamos enfrentando. Aqui foram elencados apenas alguns, para ilustrar quanto certa concepção de sexualidade e até mesmo de moralidade pode estar na base do cisma submerso existente no coração da Igreja. A coragem de rever tais concepções poderá fazer emergir outras tantas crises. Não importa! Importa que, por não serem mais submersas, saberemos não só lidar mais sadia e sabiamente com elas, mas também extrair-lhes um novo sabor para viver o que acreditamos e professamos.

Papa Francisco vai a hotel onde se hospedara para
pegar sua bagagem e quitar a conta.

BENTO XVI: ALCANCES E LIMITES DE SEU PONTIFICADO

Faustino Teixeira

De Ratzinger a Bento XVI

O pontificado de Bento XVI foi relativamente curto, de abril de 2005 a fevereiro de 2013, um pouco menos de oito anos. O gesto de renúncia ao papado, concretizado em 28 de fevereiro de 2013, foi o ato mais simbólico de sua presença como bispo de Roma. Foi uma novidade em tempos modernos, já que a última renúncia papal tinha ocorrido em 1415, com Gregório XII. E será, sobretudo, por essa decisão de coragem, que será lembrado na posteridade, num gesto que coloca em discussão a própria dinâmica da estrutura central do governo da Igreja, aproximando mais a posição do papa dos demais bispos.

Não há como desligar a figura e atuação de Bento XVI do Cardeal Joseph Ratzinger, que atuou como prefeito da Congregação para a Doutrina da Fé por mais de 23 anos, de novembro de 1981 a abril de 2005. O Cardeal Ratzinger vinha de uma brilhante atuação teológica como docente de Teologia Dogmática e Fundamental na Escola Superior de Filosofia e Teologia, em Freising, e nas universidades de Bonn, Münster, Tübingen e Regensburg. Atuou também como perito do Concílio Vaticano II, assessorando o Cardeal Joseph Frings, arcebispo de Köln (Colônia).

Em março de 1977 foi nomeado por Paulo VI como arcebispo de München e Freising, e escolheu como lema episcopal: "colaborador da verdade". Em junho do mesmo ano, tornou-se cardeal no consistório convocado por Papa Montini. Em novembro de 1981, foi nomeado por João Paulo II como prefeito da Congregação para a Doutrina da Fé (CDF).

Uma correta avaliação do pontificado de Bento XVI pressupõe a dinâmica de sua atuação desde esse período de presença na CDF, o que soma pouco mais de três décadas. Uma importante chave de leitura para compreender sua visão teológica e estratégia pastoral é o livro-entrevista *Informe sobre a fé* (*Rapporto sulla fede*), publicado em 1985. Os fundamentais traços da perspectiva restauradora levada a efeito por Bento XVI em seu pontificado estão anunciadas nessa obra. E a restauração vem entendida por ele como "a busca de um novo equilíbrio", uma nova disciplina para a Igreja Católica, depois dos "exageros" do pós-concílio, em particular a "abertura indiscriminada ao mundo" e as "interpretações muito positivas de um mundo agnóstico e ateu". Reagindo contra as posições que falavam de um "antes" e um "depois" na história da Igreja, defendeu a perspectiva de que via no Vaticano II não uma ruptura com o passado, mas uma "continuidade do catolicismo". Em sua ocular, o concílio não buscava mudar a fé, mas "reapresentá-la de modo eficaz". Essa defesa da tradição foi um mote permanente no posicionamento do Cardeal Ratzinger, em sua atuação na CDF.

Em seu *Informe sobre a fé*, o Cardeal Ratzinger buscou pontuar as razões que motivaram a crise da Igreja no pós-concílio. Chegou mesmo a falar em "processo progressivo de decadência" eclesial, que a seu ver provocaram equívocos em vários campos ou áreas. No âmbito da concepção eclesial, com a forma problemática de entendimento da Igreja como Povo de Deus, em sentido democratizante. Na esfera da colegialidade, com o reforço teológico indevido das conferências episcopais. No campo da teologia, com a ênfase numa perspectiva individualista e autonomista. Sinaliza, em particular, o cenário da teologia moral, identificada como o ponto nodal da tensão entre o Magistério e os teólogos. Outros problemas são visualizados em âmbito de catequese, liturgia e entendimento da relação do Cristianismo com as outras religiões.

Sob a batuta do Cardeal Ratzinger, a CDF agiu rigorosamente em favor desse projeto restaurador. Na busca de um novo enquadramento teológico, a CDF agiu criticamente contra teólogos que atuavam em áreas consideradas problemáticas, como a teologia moral, a teologia da libertação e a teologia das religiões. Muitos teólogos foram advertidos ou tiveram suas obras notificadas nesse período. A título de exemplificação: Leonardo Boff (1985), Charles Curran (1986), Edward Schillebeeckx (1986), Matthew Fox (1988), André Guindon (1992), Tissa Balasuriya (1997), Antonii de Mello (1998), Jeanine Gramick e Robert Nugent (1999), Reinhard Messner (2000), Jacques Dupuis (2001), Marciano Vidal (2001) e Roger Haight (2004). Duas instruções são também publicadas em torno da teologia da libertação: Instruções acerca de Alguns Aspectos da "teologia da libertação" e Instrução acerca da Liberdade Cristã e da Libertação (1984 e 1986). Uma ação disciplinar envolveu igualmente o Bispo Pedro Casaldáliga, da prelazia de São Félix do Araguaia, que se recusou a assinar um documento que limitava sua ação pastoral (1988).

Para fortalecer a unidade doutrinal da fé católica, nasceu também a proposta de elaboração de um Catecismo da Igreja Católica. O projeto surgiu em 1985, durante o sínodo extraordinário de bispos, comemorativo dos 20 anos do Concílio Vaticano II. Ratzinger atuou na presidência da comissão encarregada de preparar o catecismo. O trabalho, iniciado em 1986, durou seis anos, sendo concluído no trigésimo aniversário da abertura do Concílio Vaticano II, em outubro de 1992. O catecismo tinha como objetivo "apresentar uma exposição orgânica e sintética dos conteúdos essenciais e fundamentais da doutrina católica" sobre a fé e a moral. E seus destinatários eram os responsáveis pela catequese.

O documento talvez mais polêmico, assinado pelo Cardeal Ratzinger durante a sua presença na CDF, foi a Declaração *Dominus Iesus*, publicada em agosto de 2000. Como tema, trazia a unicidade e a universalidade salvífica de Jesus Cristo e a Igreja. As repercussões do documento foram muito negativas, sobretudo nas instâncias que trabalham o ecumenismo e o diálogo inter-religioso. Significava, na verdade, um entrincheiramento identitário e um enquadramento do pluralismo religioso, destituído de sua valorização de princípio. As outras tradições religiosas são relegadas à condição de menoridade, e seus membros confinados a uma "situação gravemente deficitária" com respeito aos adeptos da Igreja Católica, detentora da plenitude dos meios de salvação.

Bento XVI e a defesa da tradição

É nesse anteparo restaurador que se situou a eleição de Joseph Ratzinger como Papa Bento XVI, em abril de 2005. Não foi algo assim inesperado, mas o remate de um projeto de afirmação identitária em curso na Igreja Católica desde o final do pontificado de Paulo VI e início do pontificado de João Paulo II. O renomado vaticanista, Giancarlo Zizola, em sua obra *Benedetto XVI. Un successore al crocevia* (2005), reconheceu como plausível a interpretação de que a escolha de Ratzinger para o papado "vinha preconizada para coroar o grande ciclo da restauração iniciada sob Wojtyla". O tom da perspectiva a ser instaurada – de continuidade – já se delineava na homilia da missa *pro elegendo pontifice*, proferida por Ratzinger enquanto decano do colégio cardinalício. Ele fala da "ditadura do relativismo" que abala, como ondas agitadas, o pensamento de muitos cristãos. E lança o desafio de uma "fé clara" e do caminho de um humanismo verdadeiro, que não pode acontecer fora da perspectiva crística.

Como acentuou o vaticanista John L. Allen Jr., Bento XVI firmou como prioridade de seu pontificado a retomada dos "elementos fundamentais do anúncio evangélico e da tradição cristã", visando reconduzir os católicos aos fundamentos essenciais de sua fé (Allen Jr., 2008, p. 5). Como já havia anunciado antes, no seu *Informe sobre a fé*, o papa buscava acentuar o sentido da "diferença católica", ou seja, uma política da identidade e do anúncio. Ainda no primeiro ano de seu pontificado, em discurso proferido aos cardeais, arcebispos e prelados da Cúria Romana, em dezembro de 2005, Bento XVI retomou o eixo recorrente da autêntica recepção do Concílio Vaticano II. Sinalizou que essa recepção ocorreu de forma "bastante difícil" em grandes partes da Igreja. Falou, então, numa "correta hermenêutica" conciliar, que implicaria renovação, mas em linha de continuidade e não de distanciamento ou ruptura com a tradição. Reiterou que o "sujeito-Igreja", concedido pelo Senhor, estava em crescimento no tempo, mas "permanecendo, porém, sempre o mesmo".

Em linha de continuidade com sua atuação na CDF, o Papa Ratzinger manteve-se um firme defensor da "doutrina pura e íntegra, sem atenuações nem desvios" e confirmou seu projeto no pontificado como uma obra de continuidade na defesa desse patrimônio doutrinal. A busca incessante da verdade, lema de seu episcopado, continuou a valer com cada vez mais intensidade. Na carta apostólica, *Porta Fidei*, sobre o ano da fé, publicada em outubro de 2011, Bento XVI convocou os católicos ao aprofundamento de sua fé cristã, tendo como importante subsídio o Catecismo da Igreja Católica. Sublinhou que este catecismo "constitui um dos frutos mais importantes do Concílio Vaticano II".

O controle sobre o mundo teológico continuou ativo em seu pontificado. Novos teólogos foram objeto de investigação e notificação por parte da CDF, entre os quais Jon Sobrino (2006) e Margaret Farley (2012). E, como novidade, a avaliação crítico-doutrinal, envolvendo uma conferência nacional de religiosas: *Leadership Conference of Women Religious* (LCWR), publicada pela CDF em abril de 2002. Abriu-se um novo precedente de crítica que se volta não só a teólogos, mas a uma instituição, no caso uma instituição que congrega 55 mil religiosas norte-americanas.

Não há como negar a força argumentativa e a robusta reflexão teológica que animou as três grandes encíclicas do Papa Bento XVI: *Deus caritas est*, sobre Deus como amor (2005), *Spe salvi*, sobre a esperança cristã (2007), e *Caritas in veritate*, sobre o desenvolvimento humano integral na caridade e na verdade (2009). Como mostrou com acerto o filósofo jesuíta, João A. MacDowell, em reflexão na revista *Cult* de março de 2013, "Bento XVI não é um homem de ação, um revolucionário, um reformador. É antes de tudo um pensador, um teólogo que filosofa à luz da revelação divina". Singulares foram também alguns diálogos que ele encetou com a filosofia contemporânea, sublinhando a essencial relação entre fé e razão. Pode-se mencionar também sua trilogia sobre Jesus, intencionada a "reanimar a identidade cristã" num tempo marcado pelos ventos secularizantes e pela perda da plausibilidade e referência de Deus na vida pública.

Os impasses na condução estratégica

Apesar de sua sólida reflexão teológica, o Papa Bento XVI não se mostrou um bom administrador em sua atuação como papa. Alguns vaticanistas experientes, como Marco Politi, sublinharam as grandes dificuldades e incertezas do papa na condução estratégica de seu pontificado. Joseph Ratzinger revelou-se um papa competente no âmbito da teologia, uma personalidade de relevo espiritual e intelectual, mas um líder frágil no campo da geopolítica. Um papa rigoroso em suas análises, intransigente na defesa da fé e da doutrina, mas hesitante na lida eclesial interna e no campo dialogal mais amplo.

Equívocos no campo da condução estratégica do pontificado foram inúmeros. Foi o que mostrou Marco Politi em sua obra: *Joseph Ratzinger: crisi di un papato* (2011). Segundo este vaticanista, era como se uma "mão invisível" atuasse permanentemente, levando ciclicamente a novas e vivas polêmicas. Isso revelou-se quase uma praxe do pontificado: depois de passos em falso, a busca de intervenções equilibradoras. Em muitos casos, impasses substantivos foram interpretados como "erros de comunicação".

Isso ocorreu, por exemplo, no polêmico discurso na Universidade de Regensburg, na Alemanha, em setembro de 2006. A intenção do papa era evidenciar a importância da relação entre fé e razão. Daí o tema da exposição: "Fé, razão e universidade". Ele defendeu no discurso a importância de uma fé acompanhada de racionalidade para evitar o risco do fundamentalismo religioso. Se, de um lado, a fé é um elemento importante para a razão, como prevenção do ceticismo; a razão, por outro, deve igualmente acompanhar a fé, como barreira protetora contra o extremismo e a violência fundamentalista. O trecho que abriu espaço para a polêmica retratava o diálogo entre um imperador bizantino do século XIV e um estudioso persa, e a crítica tecida pelo imperador a Mohammad e o Islã.

Esse trecho provocou uma tensão inusitada, derrubando em pouco tempo todo o trabalho dialogal com o Islã realizado nos 20 anos de pontificado de João Paulo II. O curioso nisso tudo foi que alguns vaticanistas, entre os quais Politi, chegaram a alertar o responsável pela sala de imprensa, Padre Lombardi, sobre o risco da citação presente no texto e sobre suas possíveis repercussões negativas, mas sem conseguirem resultado positivo. A operação desastrosa do discurso só começou a ser reparada com a intervenção do secretário de Estado, Cardeal Bertoni, dois dias depois do episódio. E também com a retificação do próprio papa em audiência geral na Praça de São Pedro, com mais de uma semana de atraso. Um tema tão fundamental como o diálogo com o Islã não teve a devida cobertura estratégica.

Vale lembrar que um pouco antes da visita a Regensburg, o Papa Ratzinger, num ato inesperado, tinha exilado para o Egito o então presidente do Pontifício Conselho para o Diálogo Inter-religioso, Michael Fitzgerald – grande conhecedor do Islã –, e subordinado o mencionado dicastério ao Conselho para a Cultura. No ano seguinte, em junho de 2007, reparando o passo em falso, o Conselho para o Diálogo ganhou novamente autonomia, com a presidência do Cardeal Jean-Louis Tauran, excelente diplomático e versado nas questões envolvendo o mundo árabe.

Outro momento delicado do pontificado de Bento XVI ocorreu com a retomada da missa tridentina, através de um *motu proprio*, *Summorum Pontificum* (julho de 2007), visando a uma reaproximação com a Fraternidade Sacerdotal São Pio X, o movimento cismático anticonciliar dos seguidores de Marcel Lefebvre. Para o observador atento, houve uma nítida relação entre o *motu proprio* e o discurso de Bento XVI proferido em dezembro de 2005 para a Cúria Romana, em que trata das hermenêuticas em tensão. A retomada da missa tridentina traduziu em verdade a defesa de uma "hermenêutica de continuidade", defendida por Bento XVI. Essa retomada litúrgica tradicional significou, na prática, um duro golpe na reforma litúrgica do Vaticano II, bem como uma carta branca concedida aos ultratradicionalista lefebvrianos, condenados em 1988. Junto com o *motu proprio*, a retomada da oração da Sexta-Feira Santa, que originalmente falava nos "pérfidos judeus" (*perfidi giudei*). O Papa João XXIII tinha abolido essa menção dos missais, e Paulo VI tinha proposto uma fórmula mais amena dessa oração para os judeus. Não se falava em conversão dos judeus, mas na importância de eles progredirem no amor a Deus e na fidelidade à sua aliança.

Mas Bento XVI preferiu adotar uma fórmula intermediária, que não salvaguardava a irrevogabilidade da primeira aliança. Na oração escolhida, indicava-se a necessidade de um reconhecimento judaico da salvação universal operada por Jesus Cristo. A posição adotada provocou tensões com o mundo judaico, particularmente com a comunidade judaica italiana. Tensão semelhante com a comunidade judaica tinha também acontecido por ocasião da visita de Bento XVI ao campo de concentração de Auschwitz, na Polônia, em maio de 2006, quando o papa omitira em seu discurso a palavra *Shoah*, mencionando apenas a expressão holocausto. Sabe-se que para os judeus a expressão *Shoah* é bem mais significativa para traduzir a ideia da catástrofe destrutiva que envolveu o genocídio nazista.

Com o recurso a uma leitura deficiente da história, o Papa Bento XVI buscou também deslocar a responsabilidade da Igreja Católica no dramático episódio nazista, como se isso fosse totalmente "estranho" ao catolicismo alemão da época. O que também provocou muitas reações. Novas tensões ocorreram ainda com a remissão da excomunhão de quatro bispos lefebvrianos, por ordem de Bento XVI, em janeiro de 2009, sendo um deles, Richard Williamson, um claro representante da extrema direita católica e porta-voz de um antissemitismo explícito. Chegou-se inclusive a negar a presença das câmaras de gás no extermínio judaico. Como nos casos anteriores, para corrigir os passos em falso, houve novas intervenções de socorro das autoridades romanas. As autoridades ou seus representantes são, às vezes, forçados a "defender continuamente trincheiras indefensáveis".

A mecânica dos passos em falso apareceu em outras ocasiões, como na infeliz nomeação de Gerhard Wagner como bispo auxiliar de Linz, na Áustria, em fevereiro de 2009. As reações contrárias nos meios de comunicação daquele país foram imediatas, em razão do conservadorismo vivo e ameaçador defendido pelo nomeado. O bispo acabou sendo em seguida dispensado. E também na infeliz declaração de Bento XVI, em sua viagem à África, em março de 2009. Durante o voo, em resposta a uma pergunta sobre a difusão da AIDS feita pelo jornalista francês, Philippe Visseyrias, o papa assinalou que a resistência a tal difusão não se dá com a distribuição de camisinhas, e que tal distribuição, ao contrário, "aumenta o problema". A declaração do papa surtiu o efeito de um verdadeiro "*tsunami* midiático", exigindo explicações do representante da sala de imprensa vaticana, Padre Lombardi.

Os vaticanistas dividiram-se com respeito aos campos de tensão entre Bento XVI e a Cúria Romana. Alguns, como John Allen Jr., Sandro Magister e Marco Politi, falaram de obstáculos bem precisos enfrentados pelo papa em certas questões de conduta na política vaticana. Outros, como o historiador Alberto Melloni, tenderam a reagir contra um pretenso isolamento do pontífice. É um tema delicado abordado por Paolo Rodari e Andrea Tornielli na obra *Attaco a Ratzinger* (Milano: Piemme, 2010, pp. 242-244). Melloni argumentou, com razão, que os 23 anos de convivência de Ratzinger com a Cúria Romana deixaram vínculos que não se perderam. É correto, porém, sublinhar que tensões existiram, sobretudo com figuras curiais de relevo no pontificado de João Paulo II, como os Cardeais Darío Castrillón Hoyos, Angelo Sodano e Stanislaw Dziwisz. Desencontros retornaram com intensidade por ocasião das explosivas revelações em torno da problemática da pedofilia na Igreja Católica. É particularmente nesse campo que as diferenças entre Bento XVI e segmentos da Cúria Romana irão emergir com mais destaque, traduzindo também modos de conduta diversos com respeito ao governo na Igreja.

Segundo Politi, "Ratzinger experimenta o fracasso de decisões que imaginava profícuas, dá-se conta da ineficiência de quem na Cúria deveria sustentá-lo e assiste impotente a uma revolta que se propaga nos meios de comunicação. Coisa ainda mais amarga, é obrigado a abrir os olhos para a rachadura radical do mundo católico com respeito à sua linha" (Politi, 2011, p. 160).

Num dos mais corajosos documentos de seu pontificado, a carta pastoral aos católicos da Irlanda (março de 2010), Bento XVI reagiu com "pavor" e "sensação de traição" às notícias veiculadas sobre o abuso de crianças e jovens por parte de membros da Igreja na Irlanda. Reconheceu a gravidade da situação, que revelava "graves pecados" no seio da Igreja. Sublinhou a importância de "examinar com atenção" as denúncias em curso, e desqualificou a tendência na sociedade de favorecimento do clero, vista como "uma preocupação inoportuna pelo bom nome da Igreja e para evitar escândalos". Sua proposta foi audaz: "agir com urgência". Aos sacerdotes e religiosos envolvidos, frisou que traíram a confiança neles depositada pelos jovens, e assinalou que deverão "responder diante de Deus" e dos "tribunais devidamente constituídos".

Situações assim delicadas envolveram também líderes de movimentos muito estimulados e consagrados na ocasião, como Marcial Maciel Degollado, fundador dos Legionários de Cristo, acusado de abusos sexuais. As investigações contra ele, autorizadas pela CDF, tiveram início – com atraso – em maio de 2006, com muita oposição da Cúria Romana, onde ele tinha defensores. Quebrou-se, com muita dificuldade, essa tradicional "cultura do silêncio". Na ocasião, foi convidado a renunciar a todo ministério público e devotar-se a uma "vida reservada de oração e penitência". Depois de sua morte, ocorrida em janeiro de 2008, outros escândalos envolvendo sua pessoa foram revelados. Em maio de 2010, conclui-se a investigação sobre ele, com a confirmação de sua conduta imoral e de seus "gravíssimos comportamentos".

Junto com a crise em torno da pedofilia, havia a intransparência do Banco Vaticano e as polêmicas revelações do Vatileaks, no início de 2012, implicando documentos secretos do Vaticano, com a comprovação de uma ampla rede de corrupção, nepotismo e favoritismo. O mordomo de Bento XVI, que servia o papa desde 2006, foi responsabilizado pelo vazamento dos dados. Os documentos divulgados não tratavam só de questão financeira, mas também de "lutas fratricidas" entre cardeais da Cúria Romana e de sua crescente ambição e luta pelo poder.

A conjugação desses complexos fatores, que se somaram à frágil saúde de Bento XVI, resultaram na decisão em favor de sua renúncia. Essa foi talvez sua "única grande reforma", como sublinhou Marco Politi. Não significou um gesto qualquer, mas um ato de governo de grande alcance, um ato singular de "magistério espiritual". Daí ter provocado novamente a irritação da ala conservadora da Igreja. Um ato que guarda consigo um significado preciso, de "dessacralização" de um cargo – tido como vitalício – e de visualização de seu limitado alcance. É um gesto que instala uma nova discussão na Igreja Católica sobre o modo de estruturação de seu governo central, abrindo também espaço para sinalizar os limites da própria instituição e convocando ao desafio de reinvenção da Igreja, de um novo tônus espiritual, fundado na convocação evangélica.

Referências bibliográficas

ALLEN JR., John L. *Le 10 cose che stanno a cuore a papa Benedetto*. Milano: Ancora, 2008.

FOX, Matthew. *La guerra del papa. Perché la crociata segreta di Ratzinger ha compromisso la Chiesa (e come questa può essere salvata)*. Roma: Fazi, 2012.

MELLONI, Alberto. *L'inizio di papa Ratzinger*. Torino: Giulio Einaudi, 2006.

MESSORI, Vittorio. *Rapporto sulla fede*. Cinisello Balsamo: Paoline, 1985 (A colloquio con Joseph Ratzinger).

POLITI, Marco. *Joseph Ratzinger. Crisi di un papato*. Roma/Bari: Laterza, 2011.

RODARI, Paolo; TORNIELLI, Andrea. *Attaco a Ratzinger. Accuse e scandali, profezie e comploti contro Benedetto XVI*. Milano: Piemme, 2010.

ZIZOLA, Giancarlo. *Benedetto XVI. Un sucessore al crocevia*. Milano: Sperling & Kupfer, 2005.

Não vos esqueçais disto: o Senhor nunca se cansa de perdoar! Somos nós que nos cansamos de pedir o perdão. Um pouco de misericórdia torna o mundo menos frio e mais justo.

UMA REFORMA NA IGREJA: RUMOS E PROJETOS

João Décio Passos

Antes de qualquer discurso, a renúncia de Bento XVI é por si mesma delatora da necessidade de reforma na Igreja. Mas o próprio papa anunciou explicitamente essa necessidade em sua retirada ao despedir-se do clero de Roma, dizendo que a "Igreja deveria renovar-se". E indicou também o rumo: o Concílio Vaticano II. O fato histórico é inédito, por tratar-se de renúncia voluntária, feita com plena consciência da gravidade e assumida como responsabilidade eclesial: para o bem da Igreja, pelo futuro da Igreja. A renúncia reparte a história da Igreja Ocidental em passado e futuro e deixa um recado implícito de que a Igreja pode ser mudada em suas práticas institucionais, de que nenhum modelo é eterno e de que o papado é um serviço e não um poder sagrado intocável e imutável. O conclave veio em seguida; organizou-se por dentro dessa rachadura histórico--eclesial e se interpôs aos olhos do mundo religioso e secularizado como momento decisivo para a Igreja e, em certa medida, importante para toda a sociedade.

A sociedade da informação já havia exposto os intramuros da Cúria e da Igreja, ao veicular de modo detalhado a agenda dos sucessivos escândalos envolvendo clérigos e a própria Cúria Romana. Os problemas internos da Igreja já estavam na ordem do dia e nos apelos populares. O conclave deixara de ser, de fato, um problema de cardeais eleitores ou do conjunto dos fiéis católicos, acontecendo sob os olhares vigilantes da sociedade mundial da informação instantânea. Talvez possa ser definido como o primeiro conclave mundializado, seja pelas tecnologias da informação que o divulgaram em tempo real, seja pela indignação mundial contra deslizes morais da Igreja ou, ainda, pelas expectativas de mudanças na Igreja por parte dos homens de boa vontade, católicos ou não.

A questão central já estava implantada para a Igreja e para o conclave: a necessidade de mudanças urgentes na Igreja. Nos intervalos das congregações que prepararam o evento, o Cardeal Hummes declarara sem vacilar e em várias ocasiões ser necessário enfrentar os problemas internos da Igreja e encontrar caminhos de solução. Por outro lado, as formalidades da Cúria, com seus profissionais, faziam os encaminhamentos técnicos e políticos no silêncio que lhes restava, como virtude ou como estratégia. Do lado de fora, as expectativas construídas, reais ou fictícias, indicavam para uma continuidade da hegemonia do poder curial, com nomes de papáveis tidos como certos. A palavra-chave *mudança na Igreja* se repetia de modo espetacular na cobertura da mídia, na boca de vaticanistas e analistas, e adquiria força como o grande desafio do novo papa a ser escolhido.

Por fim a surpresa: um papa não europeu, de uma Igreja do novo mundo, de um continente de países pobres, jesuíta, bispo pobre e dos pobres, simplesmente Francisco. A mudança apareceu em carne viva, nos gestos e já nas primeiras palavras marcadas por informalidade, simpatia e humildade. Para os espíritos da conservação, um choque institucional e a sensação do risco iminente. Para os renovadores, uma esperança no horizonte. Uma reforma pintara no céu nublado de Roma após a fumaça branca.

Contudo, uma reforma na Igreja é um grande desafio para o pontificado que se inicia, seja pelo peso da tradição e da burocracia administradas pelo governo central da Cúria Romana, seja pelas forças conservadoras – ideias, sujeitos e grupos – que pontuam a Igreja em postos importantes da hierarquia. A renovação terá que ocorrer por dentro de um sistema marcadamente estável e, quase sempre, avesso a mudanças. O que podemos esperar do carisma de Francisco?

A crise como ponto de partida da reforma

Fato ou interpretação, a ideia de mudança está colada ao novo papa. Não há como negar essa intenção em sua pessoa e em suas palavras. O nome Francisco é programático e não estética verbal: remete ao amor universal, amor aos pobres, amor a todos os seres vivos, dedicação à paz universal. Por outro lado, as expectativas lançadas sobre o novo pontífice, por ele mesmo apresentado como "bispo de Roma", não parece deixá-lo livre para escolher entre "reformar ou conservar", ainda que tenha de enfrentar as típicas prisões e inércias de uma instituição milenar. Contudo, para o bem ou para o mal, temos diante da Igreja e do mundo um personagem investido da missão de promover mudanças visíveis e, por certo, urgentes na Igreja.

A história nos ensina que a vontade e a intenção de mudanças não surgem somente por voluntarismo ou ideologia de personagens renovadores ou revolucionários. A crise é o ponto de partida real de toda mudança. É a consciência de que um valor ou uma prática se desgastou, permitindo supor o novo e ousar uma proposição que rompe com o passado e traz em si mesma um futuro viável. Toda crise é, nesse sentido, expressão de algum desgaste que se torna evidente aos olhos, ou de um visionário, ou de um analista, ou mesmo de todo um grupo social. Sem essa consciência, o novo não emerge com a força necessária para sugerir mudanças, rever estruturas e redirecionar hábitos e costumes.

A crise da Igreja Católica eclodida no pontificado de Bento XVI foi um fato histórico sem precedentes. Não é necessário detalhar mais uma vez os fatos e as suas repercussões pela própria publicidade que alcançaram na grande mídia, nem mesmo retomar as reações que provocaram na sociedade, com denúncias e processos na justiça. A Igreja foi, de fato, exposta ao juízo público e revelou não somente suas incoerências morais, como também sua insuficiência jurídica para julgar os seus membros, embora muitos canonistas oficiais assim o quisessem. Mas veio o ápice: a exposição da divisão interna no governo central da Igreja. Não se tratava somente de condutas moralmente condenáveis espalhadas por várias Igrejas do mundo, mas também de uma perda de comando central, não obstante as prerrogativas de exercício de poder centralizado do Sumo Pontífice.

Os católicos mais atentos assistiram atônitos à emergência de uma crise não somente de um modelo administrativo secular, a Cúria Romana, mas também de um modelo eclesial em pleno curso de rumo claro e definido, centrado na identidade católica, na vigilância da ortodoxia das ideias, na disciplina, na rubrica litúrgica etc. Prezem ou não, essas características demarcaram os dois últimos pontificados no tocante à organização interna da Igreja e se mostraram vitoriosas na práxis da Igreja como um todo. A renúncia inesperada de Bento XVI colocou um ponto de interrogação sobre uma estrutura institucional milenar e sobre um projeto disciplinador de três décadas, projeto esse ambiguamente apresentado como desdobramento correto do verdadeiro Concílio Vaticano II.

Foi de dentro do movimento revisor do Vaticano II, assegurado com conforto na estrutura do poder papal e da Cúria, fundado em uma tradição doutrinal segura, trajado com vestes talares, temeroso do mundo moderno e seguro de si, que se precipitou a grande crise. Não estamos perante uma crise explicitada pela consciência eclesial ou pelas normas disciplinares da Igreja, mas, ao contrário, vinda de um movimento externo à Igreja. Seu ponto de origem e de pressão veio da sociedade moderna da informação e dos valores humanos instituídos na sociedade moderna de direitos. A sociedade moderna expôs, com seus valores, suas regras e suas tecnologias, uma crise moral e política no interior da Igreja. E a Igreja se expôs amargamente a um crescente juízo público externo, culminado no juízo final, emitido do próprio pontífice que renuncia.

Na agilidade típica de nossos tempos, o crisol consumiu rapidamente as possibilidades duradouras do ouro e da prata da Igreja petrina. A necessidade urgente de mudança bradou com o gesto corajoso do papa que renuncia e sai em silêncio, porém intercalando esse silêncio com metáforas de crise e um explícito pedido de mudança. Em imagens de fé, se o papa desceu da cruz ao renunciar, como alguns denunciaram, desceu revivido e anunciando o novo. Seu gesto ensinou que as coisas velhas podem e devem ceder lugar às coisas novas para que a Igreja continue sua missão na história. Era preciso romper para recomeçar. E a presença de um ex-papa será sempre uma memória incômoda para a estrutura estável e forte da organização central do governo da Igreja.

Os significados e os desafios de uma reforma

Projetos de reforma não são caros nem às tradições consolidadas nem às burocracias. Continuidade (sempre foi assim) e funcionamento (está bem assim) são as regras que as conduzem respectivamente em suas permanências. Por essa razão, as rupturas e mudanças nessas estruturas vêm, via de regra, por pressão externa e não por decisão interna de seus comandos centrais ou demais escalões de funcionários, mesmo quando essas estruturas estão desgastadas e incapazes de oferecer respostas às demandas vindas da história. No caso da crise instaurada no centro de comando da Igreja, a pressão social teve, de fato, um papel fundamental (via mídias e via justiça) para que se deflagrasse a consciência de que o próprio comando se encontrava assaltado por forças contraditórias. A exposição dos escândalos morais e financeiros e, por conseguinte, da divisão política interna da Cúria implodiu a estabilidade do regime secular, processo que culminou com o gesto estratégico e profético da renúncia do Papa Bento XVI.

De dentro desse desgaste se produziu o "inédito viável" (Paulo Freire) na Igreja, na sequência do conclave e da aparição do novo papa. São rebentos renovadores que se mostram discretos e, ao mesmo tempo, fortes nos gestos e nas palavras do novo bispo de Roma, mas, sobretudo, no nome programático: Francisco. Esses sinais permitem dizer que pode estar posta a plataforma simbólica de lançamento de um *projeto* de reforma na Igreja.

É importante lembrar que todo projeto é composto de dois elementos básicos: o utópico e o estratégico. O segundo está a serviço do primeiro e visa a concretizá-lo mediante ações planejadas e avaliadas. O primeiro é, por sua vez, a fonte que alimenta permanentemente o segundo, sem deixar a rotina tragá-lo em sua inércia, quando as forças contrárias advêm com autoridade tradicional ou com força de eficiência racional. É da utopia anunciada que nasce um projeto de mudança, desde onde fala um líder novo que atrai pela força que emana de si mesmo um grupo de adeptos e de companheiros colaboradores.

Em termos weberianos, podemos dizer que os projetos renovadores exigem a emergência de um carisma que atrai e convoca. O momento estratégico seria a racionalização do ideal carismático: a busca dos meios objetivos de concretização do novo. De qualquer forma, carisma sem estratégia não se torna projeto e pode rotinizar-se por sua própria repetição, sobretudo em nossos tempos, em que tudo se torna efêmero na dinâmica das sensações sempre renováveis da lógica do consumo.

Uma renovação da Igreja na programática-Francisco começou como carisma exuberante de simplicidade, ainda que diretamente exposto a dois devoradores vorazes: a tradição/burocracia da Cúria e o espetáculo da mídia. O primeiro mata o carisma por ser heterodoxo à objetividade do sistema. O segundo, por envelhecimento precoce, na incessante renovação dos fatos midiáticos. Com efeito, a programática de renovação anunciada em fragmentos expressivos agregou logo simpatizantes. Terá agregado adeptos efetivos dos pastores no *day after* do conclave e da posse? Se o carisma do projeto de Francisco bebe do Santo de Assis, certamente o momento estratégico poderá vir de sua tradição jesuítica, marcada pelo discernimento, pela decisão e pela ação racionalmente controlados. O fato é que a reforma deverá transcender o momento inicial de frescor renovador e de irradiação do novo e alcançar os meios viáveis de execução.

A Igreja Católica tem vivenciado uma interrupção da reforma inaugurada pelo Vaticano II: um controle tradicional de seu carisma renovador de modo racional e eficiente. A estrutura centralizada da Cúria e os mecanismos de organização da mesma não passaram pelas renovações lançadas pela Igreja povo de Deus, comunhão de diversidades, servidora da humanidade e dialogante com o mundo moderno. A estrutura secular da Cúria Romana sufocou o carisma do *aggiornamento* instaurado pelo concílio, agregando cada vez mais forças conservadoras e eliminando o que significava renovação. Contudo, o carisma conciliar está vivo, senão na velha estrutura, no meio do povo de Deus e, certamente, nas angústias e esperanças do mundo que grita por vida.

Rumos e projetos

A reforma contida na programática-Francisco, se levada adiante, deverá sair de novo das "paredes físicas da velha igrejinha" e chegar à Igreja como um todo. A amplitude da reforma será necessariamente a Igreja como sistema em crise, para que se possa falar verdadeiramente em reforma. De fato, a crise da Cúria é sintoma de uma crise mais geral e profunda que envolve a política e a cultura eclesiásticas em seu conjunto: estruturas, funcionamento e papéis.

O princípio fundamental, para não se cair em reformas aparentes ou superficiais, será a consciência da relação inerente do todo com as partes, tendo em vista a unidade e a diversidade que compõem a Igreja em todas as suas dimensões, enquanto Igreja universal. Atacando pelo todo ou pela parte, é o conjunto inteiro que deve ser refeito nas estratégias de reforma. O aspecto processual é um segundo ingrediente fundamental. Não se muda de uma vez uma estrutura em crise, mas mediante um conjunto de ações articuladas entre si, executadas de modo gradativo e constante.

Contudo, uma reforma se faz com um plano de ações; adota estrategicamente passos e ações localizadas para que possa ser executada, talvez começando pelos aspectos mais urgentes. Nesse sentido, podemos desenhar à maneira tipológica alguns cenários ou frentes a serem reformados, cada qual com suas exigências, características e riscos.

Uma reforma moral?

A ponta aguda e mais visível da crise que clama por reforma na Igreja é, para a maioria dos observadores externos, de cunho moral: os escândalos sexuais, sobretudo a pedofilia. O comportamento sexual inadequado e criminoso de clérigos em diversos pontos do planeta, particularmente no hemisfério Norte, se mostra como o grande problema da Igreja e que deverá ser enfrentado sem titubeios pelo novo papa. Tratar-se-ia da continuidade de uma limpeza moral na Igreja, já encaminhada pelo papa anterior. Tarefa fundamental para a sociedade, por uma questão de justiça, e para a Igreja, não somente por justiça, mas também para restauração de sua própria dignidade moral perante o mundo e perante si mesma. Estão em risco não somente sua coerência e sua credibilidade, mas a sua própria missão. A grande mídia ainda apresenta essa pauta como urgente, sabendo que inclusive paira no ar a dúvida sobre a agilidade das autoridades da Igreja no trato adequado à gravidade do problema que alcançou dramática publicidade há alguns anos.

O Papa Bento XVI já havia tomado decisões enérgicas sobre a problemática, ainda que para muitos de modo tardio e insuficiente. Apresentou, de fato, uma normatização mais severa, afastou bispos de suas funções e suspendeu clérigos. O novo papa permanece com o desafio de fiscalizar e punir os envolvidos nesses crimes, como também em comportamentos sexuais inadequados à moral católica. Na verdade, não se trata propriamente, ao menos no primeiro momento, de uma reforma, mas de um conjunto de ações punitivas que atingem indivíduos em particular. E um fato é inegável ao público: o governo central da Igreja vacilou por longo tempo para tomar medidas, como demonstra o cronograma das denúncias publicado. O Papa João Paulo II, membro da alta cúpula da Cúria, e o próprio Bento XVI são acusados, ou de conivência ou de demora em enfrentar o problema, devido ao espírito de corpo e, até mesmo, de uma autossuficiência legal da Igreja para punir os responsáveis.

Uma reforma moral deverá ir além das medidas de sanções individuais. O risco da ilusão de uma reforma realizada com ações mais eficazes no campo da conduta moral dos clérigos pode ser real e esconder as causas mais profundas da questão, tendo em vista a magnitude numérica dos casos. Não se tratou de casos isolados e localizados, mas de um fenômeno quase coletivo dentro da Igreja. Por outro lado, viria a satisfação perante a sociedade que acalmaria os seus ânimos, seja pela sensação de justiça feita, seja pela punição dos culpados. Uma reforma moral significaria necessariamente reforma das consciências individuais, mas também da consciência eclesial do papel do clérigo como exercício de poder religioso. A pedofilia não é tão somente uma questão de patologia psíquica e de desvio social de conduta, mas também de patologia política: domínio do mais forte sobre o mais fraco, usando para tanto o reforço da sacralidade do poder religioso.

Nesse sentido, a reforma moral é reforma da consciência ministerial que envolve repensar as relações do clero entre si e com o leigo, no que tange ao comportamento sexual e ao exercício do poder. Em última instância, pode estar em jogo problemas de concepções e práticas ministeriais na Igreja, sabendo da clareza da moral sexual e da objetividade da disciplina a esse respeito.

Uma reforma disciplinar?

Decorrente da reforma moral, poder-se-ia pensar propriamente numa reforma disciplinar como saída eficaz. A Igreja já a empreendeu em Trento com grande eficiência. Por meio de normas promulgadas e sansões rígidas, buscar-se-iam vedar os desvios de conduta dentro da Igreja. A socialização das condutas individuais sob as mesmas regras evitaria o desvio da normalidade moral. Essa perspectiva foi retomada por João Paulo II como forma de reafirmar a identidade católica, após os anos das liberdades trazidas pelo Vaticano II. Ela se fez como disciplina canônica, como disciplina das ideias, da liturgia, dos trajes eclesiásticos etc. Será essa a reforma mais conatural às idiossincrasias curiais e poderá continuar produzindo efeitos visíveis, porém com o grande risco da aparência satisfatória.

Experiências recentes demonstram a ineficiência da disciplina em criar moralidade, revelando, em muitos casos, ao que parece, precisamente o efeito contrário. As palavras do apóstolo Paulo são lúcidas a esse respeito: "a lei pode instaurar o dever, mas não a vivência livre da caridade na comunidade de fé" (cf. Rm 7). Devemos considerar também que, no mundo atual, os enquadramentos institucionais de natureza comunitarista criam mais identidades estéticas que resistem às "tentações" do mundo, sem constituir efetivamente sujeitos livres e críticos capazes de discernimento e ação na sociedade plural e relativista. A via disciplinar adotada como método único infantiliza e instaura a submissão no seio da Igreja e, sob sua uniformidade, abriga muitas vezes a hipocrisia.

Uma reforma administrativa?

Tanto quanto a reforma moral, essa reforma está socialmente pautada pela sociedade em geral e, ao que sinalizou o processo do conclave, pelos próprios cardeais "externos" à Cúria Romana. E, após a eleição e posse do novo papa, soou um nítido consenso a esse respeito. As razões dessa reforma foram precipitadas pela divisão interna no governo de Bento XVI e, evidentemente, por sua renúncia. O mal-estar se instalou em relação à administração central da Igreja, após o grande mal-estar ocasionado pelos escândalos sexuais. O papa se mostrou prisioneiro de um sistema político divido em si mesmo, traiçoeiro e autofágico. Uma mudança urgente se impõe. Essa é a expectativa que ganhou fôlego dentro e fora da Igreja e que parece se impor ao novo papa.

Os apelos para uma renovação do governo central da Igreja estiveram presentes, durante e após o Vaticano II, na mente dos que pretendiam fazer valer as orientações conciliares referentes à colegialidade, à própria função do papado e dos dicastérios em relação à Igreja universal.

O Concílio Vaticano II expressou a necessidade de se colocar a Cúria a serviço da Igreja, em sintonia com as necessidades de todas as Igrejas locais, contando para tanto com o auxílio dos leigos. Para tanto, afirma ser necessária uma reestruturação para que a Igreja possa responder às necessidades dos tempos atuais, às diversidades existentes dentro da própria Igreja e ao trabalho articulado do governo da Igreja (*Christus Dominus*, 1027-1033).

A estrutura administrativa curial, como qualquer outra, constitui um sistema objetivo de regras, funções e fluxos que funciona objetivamente, ou seja, funciona por si mesmo, sem necessitar de ordens pessoais. Como explica Weber, assim são construídas as burocracias modernas. Não é de se estranhar, portanto, que, em certo sentido, o papa seja "prisioneiro" da Cúria e deva contar com ela para a rotina de seu governo. Certamente, não é a máquina autônoma e bem montada que estará no foco de uma reforma, mas alguns dos vícios que adquiriu e, sobretudo, o espírito que está por baixo de sua própria razão de ser.

A estrutura do governo central da Cúria está a serviço da Igreja como um todo e carrega, inevitavelmente, uma tensão entre o que constitui natureza espiritual e pastoral da Igreja e os seus meios de organização. Carrega uma tensão saudável e difícil entre o carisma e a instituição, sendo que toda a estrutura que compõe historicamente a instituição tem sua única razão de ser: a preservação do carisma doado pelo Nazareno morto e ressuscitado que agregou e enviou seus seguidores a anunciar o Evangelho até o fim do mundo. É nesse sentido que a Igreja deveria estar em permanente reforma (*reformatus* = restituído ao começo) para sustentar sua fidelidade ao Cristo vivo na história. Contudo, ela participa do processo de racionalização que fez a história do Ocidente com suas instituições e se tornou por demais dura e fixa em suas organizações, ainda que em nome de sua fé fundamental.

Vale lembrar ainda que a Cúria Romana, com sua estrutura, dinâmica e sujeitos, já esteve no centro de muitas ambiguidades históricas da Igreja, tanto do ponto de vista da moralidade e da comunhão interna quanto de suas relações com a sociedade civil. Não é necessário relembrar os vários episódios históricos. O fato é que os acontecimentos recentes relacionados aos Vatileaks revelaram divisões graves no poder central, abatido por lutas internas que não pouparam o próprio pontífice. Bento XVI não foi certamente um mártir da burocracia, sua própria casa, mas uma vítima de interesses internos/externos à administração da Igreja. A administração curial romana está hoje moralmente desmoralizada e politicamente em crise.

Uma reforma se impõe com muitos riscos. O primeiro deles é resolver o problema com a mera troca de pessoal, coisa regular na transição papal. Mesmo que se procedesse a uma troca radical de pessoal (do mais alto ao mais baixo escalão do corpo funcional dos dicastérios), os vícios poderiam permanecer, tendo em vista tratar-se de um jogo de forças com tentáculos externos ao território político--geográfico da estrutura curial. O segundo risco é mudar a estrutura e os fluxos sem repensar o conjunto do governo, por exemplo, rever o número e função dos dicastérios sem pensar nas demandas urgentes do mundo atual, desconcentrar sem descentralizar as funções, não considerar a composição ambígua entre a estrutura do Estado vaticano e a estrutura da Cúria, não considerar a relação direta da Cúria Romana com as cúrias das Igrejas locais. Um terceiro risco é isolar a reforma curial das estruturas locais das Igrejas particulares com suas conferências episcopais nacionais e continentais. O organograma administrativo geral deverá envolver toda a organização da Igreja, para que não se repitam os vícios do poder concentrado e isolado do resto do mundo católico.

O papado deu sinais de mudança: não é eterno e está a serviço da Igreja (saída de Bento XVI), e o bispo de Roma está a serviço dos pobres (entrada de Francisco). Esse novo espírito deve descer imediatamente às estruturas da Cúria Romana e refazê-la em sua estrutura e mecanismos, para que a Igreja não seja mais uma "ONG piedosa" (Papa Francisco) e a Cúria uma burocracia tomada por facções político-eclesiásticas.

Uma reforma global

A reforma da Cúria Romana que certamente virá em alguma dimensão e profundidade deverá ser, antes de tudo, uma reforma da Igreja para quem ela existe. A igreja já foi reformada em sua concepção e missão pelo Vaticano II, entendida como conjunto do povo de Deus, desde onde se edificam os diversos carismas e ministérios, doados pelo próprio Espírito do Ressuscitado (*Lumen Gentium*). A Igreja está a serviço da humanidade e deve responder a seus apelos e dialogar com a sociedade contemporânea (*Gaudium et Spes*), bem como dialogar com as demais Igrejas e religiões (*Unitatis Redintegratio* e *Nostra Aetate*).

Essa eclesiologia conciliar não encontrou nesses cinquenta anos sua expressão organizacional adequada, por inércia da tradição curial bem estabelecida e por forças antagônicas às mudanças. Prevaleceu um espírito novo em um corpo envelhecido. Não se trata de reinventar a Igreja, mas de continuar a reforma a partir do governo central, descendo os governos locais. Isso significa repensar o exercício do poder como serviço, sem arrogâncias pagãs do poder sagrado, sem as tiranias monárquicas e sem os pragmatismos dos governos modernos.

As funções do papa, dos bispos, dos ministros ordenados e dos leigos, com suas relações mútuas enquanto Povo de Deus, necessitam de novos rumos na direção da simplicidade e do serviço. Há que inventar uma nova organização em nome da comunhão e do serviço, em nome da missão e do testemunho de Jesus Cristo em nossos dias de modernidade desgastada, individualista, hedonista e relativista. E como toda invenção, os riscos estarão presentes no processo.

A Igreja peregrina na história não tem um modelo definitivo nem uma receita segura para si mesma. Os diversos modos de organização adotados e refeitos no decorrer dos tempos nos contam essa verdade. E cada modelo mostrou suas virtualidades e seus limites. A encarnação da Igreja na história é invenção permanente de si mesma, ainda que dentro das lógicas da longa temporalidade, da tradição a ser preservada, da assimilação lenta de novos valores e da sintonia complexa com o *consensus fidei*.

Nesse sentido, reforma é algo inerente à Igreja, atitude de espírito (audição e docilidade ao Espírito) que se torna ação em cada tempo e lugar; fidelidade à própria dinâmica da tradição, entendida como o que é transmitido através do tempo, e que rejeita, por isso mesmo, toda forma de conservadorismo. Essa verdade teológica e histórica é hoje mais exigente para a Igreja, por estarmos em um mundo de mudanças velozes. A sintonia com a história exige discernimento e coragem por parte da Igreja, para que possa responder, no ritmo da história rápida e não da história lenta do mundo pré-moderno, àquilo que a fé tem a fazer pelo ser humano.

A Igreja necessita de reformas para que cumpra sua missão no mundo globalizado que pergunta pelo futuro da humanidade e da vida. Nesse mundo ela continua sendo peregrina a serviço da humanidade, na busca incessante do Reino de Deus.

Considerações finais

Hoje podemos visualizar na Igreja os sinais de um modelo esgotado e de um horizonte anunciado. Ambos retiram suas inspirações no passado, em figuras emblemáticas da história da Igreja. A programática-Bento mostrou os limites de uma Igreja autocentrada e distante do mundo, que se debate sobre si mesma na busca dos meios adequados para gerir seus problemas morais e políticos.

A figura de São Bento remete para a Europa cristã, rural, estável e contemplativa. Lembra a Igreja dos mosteiros isolados do mundo, do poder hierárquico e da purificação espiritual. Uma Igreja alimentando-se de uma longa e estável tradição que remonta ao agostinianismo.

Como programática, esse modelo indicou o ideal cristão como caminho perante os relativismos do mundo moderno, a identidade católica como sinal da fé e a disciplina como regra de vida. Uma Igreja de contornos muito definidos no mundo indefinido, uma Igreja sólida no mundo líquido. Mas, ironicamente, foi a modernidade, com seus valores e mecanismos, que demonstrou a insuficiência dessa programática para a própria credibilidade da Igreja. Por outro lado, foi de dentro da identidade segura que as forças políticas emergiram como força destrutiva.

No horizonte está posta a programática-Francisco. Ela vem igualmente da Idade Média, porém da Idade Média que se urbaniza e lança desafios à fé cristã. A reforma de Francisco de Assis se dá em meio às mudanças profundas pelas quais passava o mundo de sua época. Aponta para a Igreja dos pobres e da simplicidade como segmento de Jesus Cristo, abre-se para a relação de respeito com a natureza e para a busca da paz.

Francisco é carisma puro que rompe com toda tradição fossilizada que esquece a vida concreta. O novo se instaurou pela força de seu testemunho, sem isolamentos sectários, sem a força do poder eclesial instituído e sem a estética dos nobres.

O vigor de Francisco ainda se expande e clama por renovação da Igreja e, também, do mundo inseparavelmente. Não há por que temer o mundo nem ceder às suas seduções. A voz ouvida por Francisco "reforma a minha" tem dimensões universais e aponta para o futuro. Em nossos dias, chama novamente para o segmento de Jesus Cristo, sem as ilusões do poder e sedução da riqueza, na direção utópica da criação renovada. A identidade dessa Igreja extravasa todos os muros institucionais fixos (os eclesiocentrismos) e busca no ser humano desnudado (pobres) e na vida (todos os seres vivos) a sua orientação. A Igreja renovada nessa direção é a mais simples: a dos pobres.

Para tanto, ela volta-se simultaneamente para o seu passado fundante (o projeto de Jesus, pobre com os pobres, para os seguidores de Jesus Cristo das comunidades cristãs) e para o seu presente (o mundo individualista e hedonista e indiferente). Nos "pobres encontramos Jesus e em Jesus encontramos Deus", já dizia Bento XVI na abertura da Conferência de Aparecida. A Igreja dos pobres se reforma como Igreja que busca o humano: que se orienta pela busca da justiça comum, horizonte em que todos são iguais, filhos do mesmo Pai. Voltada para esse horizonte imperativo da fé, inventa a si mesma em suas estruturas e funções no curso da história.

A Igreja é chamada a sair de si mesma e ir para as periferias, não apenas geográficas, mas também as periferias existenciais: as do mistério do pecado, da dor, das injustiças, das ignorâncias e recusa religiosa, do pensamento, de toda miséria.

FRANCISCO:
RENASCE A ESPERANÇA

OS MUITOS PARTOS
DO BISPO DE ROMA

Fernando Altemeyer Jr.

> A principal missão do homem, na vida,
> é dar luz a si mesmo e tornar-se aquilo que ele é
> potencialmente (Erich Fromm).

É comum fazer biografias cronológicas marcadas pelo dia do nascimento de um ser humano. Em geral, todos pensam em um único parto biológico como matriz de uma pessoa. Pretendo falar de múltiplos partos e muitas parteiras. Dos muitos partos de uma mesma pessoa. Nascimentos, antecedentes genéticos, históricos, existenciais, políticos e místicos. Como lembra o filósofo espanhol José Ortega Y Gasset, em 1914, nas densas páginas de suas *Meditações do Quixote*: "Eu sou eu e minha circunstância, e se não salvo a ela, não salvo a mim".

Um papa começa a existir antes de sua nomeação no conclave cardinalício, e paradoxalmente sua biografia nasce também naquele seu aceite ao ministério de sucessor do Apóstolo Pedro. Um homem, todo homem tem vários partos. Um de sua mãe, depois de nove meses de gestação. Outros mais demorados e doloridos. Uns rápidos e conhecidos. Outros misteriosos e enigmáticos.

O Papa Francisco também teve vários partos. Sua história de vida começa na Itália, terra paterna. E terá um segundo parto na terra argentina. E também em Roma, ao aceitar ser o novo papa, viverá novo parto e o descarte de mais outra placenta. E ainda um parto na Companhia de Jesus, imensa obra missionária de Santo Ignácio de Loyola. E ainda outros eventos epifânicos em sua vida de pastor e bispo. Quiçá ainda veremos ele próprio gestar e fazer vir ao mundo novos modos de pastorear e amar a Igreja de Cristo. Muitos parteiros e muitas expectativas. Façamos o percurso de um homem; tracemos o mapa de sua existência, de alguns de seus segredos e de suas potencialidades.

O papa nasceu em Roma

O primeiro parto do novo papa se deu em 13 de março de 2013, quando o conjunto de 115 cardeais votantes, encerrados na capela Sistina em conclave, escolheu o cardeal Bergoglio como sucessor de Pedro. Um bispo desconhecido mundialmente foi eleito no segundo dia do conclave e assumiu o nome de Francisco.

Ele é o primeiro papa jesuíta, o primeiro papa do continente americano e o primeiro do hemisfério sul, sendo ainda o primeiro não europeu escolhido para ser o novo bispo de Roma em mais de 1200 anos, desde São Gregório III, nascido na Síria (Ásia), e que governara a Igreja Católica entre 731 e 741.

Assim que lhe foi perguntado, na Capela Sistina, se aceitava a escolha, ele disse: "Eu sou um grande pecador, confiando na misericórdia e paciência de Deus, no sofrimento, aceito". Neste momento nasceu um papa e neste momento ele teve que abandonar imediatamente tudo o que deixou para trás, mesmo uma coisa tão simples quanto voltar para sua casa ou apartamento para recolher suas próprias coisas. Nascer aos 76 anos recém-cumpridos não é nada fácil para qualquer ser humano. Na hora de aposentar-se, recomeçar!

Nasceu, pela ação do Espírito Santo, um jovial Papa Francisco. Um parto de alto risco, mas pleno de promessas e esperanças primaveris para toda a Igreja. É dessa forma que sentimos a energia emanada de seu olhar e espelhada em seu belo sorriso. Assim testemunha o padre argentino Guillermo Marcó, antigo porta-voz da arquidiocese de Buenos Aires, ao rever o seu bispo e agora papa: "Eu pude ver esta incrível transformação de seu rosto, que está radiante". Ao sair de Buenos Aires, o Padre Marcó o viu realmente esgotado e cansado.

O papa nasceu em Assis

O segundo nascimento do papa certamente foi esta deliberada escolha de um nome inédito que já é todo um programa de vida. Ao ser eleito, o novo pontífice escolheu como nome Francisco. Segundo ele mesmo, uma referência direta a São Francisco de Assis, por seus vínculos familiares de devoção, por "sua simplicidade e dedicação aos pobres", e motivado por uma frase que lhe fora dita ao ouvido pelo cardeal arcebispo emérito de São Paulo, Dom Cláudio Hummes, logo após a sua eleição, ainda dentro da Capela Sistina: "Não se esqueça dos pobres". Francisco de Assis (1182-1226), o padroeiro da Itália e fundador da ordem franciscana, tornou-se, para o argentino Jorge Mario Bergoglio, o paradigma e projeto de seu pontificado.

Nasce o primeiro papa de nome Francisco, um claro programa de vida e de amor à Igreja dos pobres. Um projeto de restauração. O papa irá apresentar uma nova forma de ser Igreja e uma nova forma de ser papa, como bispo de Roma.

É sintomático e expressivo que durante sua apresentação peça a benção do povo de Deus reunido na praça, reze pelo bispo emérito, ele próprio se apresente como um pastor e bispo do povo romano e, sobretudo, diga claramente que quer presidir na caridade, sem imposições e verticalismos, pois assim fortalecerá na fé os irmãos e demonstrará que a Igreja é uma rede de comunhão participativa. Sentimos claramente que retornamos no tempo e nos tornamos contemporâneos de Giovanni Francesco di Bernardoni, e ouvimos no silêncio da pequenina capelinha de São Damião o próprio crucificado sussurrando ao nosso ouvido interior, como o fez com o pobrezinho de Assis: "Francisco, vai e reconstrói a minha Igreja, que está em ruínas". Tarefa espiritual e evangelizadora de extrema urgência para os nossos dias.

O Papa Francisco disse que deseja "uma Igreja pobre e para os pobres". E com relação ao nome e à pessoa de Francisco de Assis, afirmou: "Para mim é o homem da pobreza, o homem da paz, o homem que ama e cuida da criação".

O papa nasceu imigrante

Agora já podemos recuar no tempo e falar do parto ancestral e genealógico de Jorge Mario, ocorrido em terras italianas, que é a sua terra-mãe, e acompanhado de muitas peripécias migratórias, compartilhadas por milhões de italianos nos séculos XIX e XX. O atual papa é filho de migrantes e, sendo assim, é como o dizer bíblico deuteronomista: "um arameu errante", tal como os filhos de Abraão.

Compreender este êxodo forçado de milhões de italianos para Argentina, Estados Unidos e Brasil é fundamental para conhecer sua própria vida e seus valores mais profundos. Conhecemos quem somos, entendemos as raízes e a seiva que nos alimentaram e nos geraram. A árvore genealógica diz muito, mas a história de vida diz mais. Compreender a história feita por nossos ancestrais é a chave interpretativa de nossa própria vida e de nossa espiritualidade. Nós somos espiritualmente a história de nossa espiritualidade, dizia tão bem nosso bispo profeta Pedro Casaldáliga, prelado emérito de São Félix do Araguaia, no Mato Grosso.

Sua família emigrou de regiões pobres da Itália em razão do fascismo italiano e das condições econômicas críticas na Itália do final do século XIX e começo do XX. Seu pai, Mario José Bergoglio, era contador, empregado de uma ferrovia, nascido em Portacomaro, na província de Asti. Sua mãe, Regina Maria Sivori, era dona de casa, nascida na capital argentina, Buenos Aires, e também filha de imigrantes italianos procedentes do Piemonte e de Genova. Não apenas o povo das províncias da Itália, mas quase toda a Europa estava afundada na miséria no final do século XIX. Ao retratar a região do Vêneto, local de onde veio 30% dos imigrantes italianos no Brasil, o historiador Emilio Franzina escreveu que "podia-se morrer de inanição e que a única alimentação da classe rural não passava de polenta, uma vez que a carne de vaca era um mito e o pão de farinha de trigo inacessível pelo seu alto preço". Milhões de camponeses italianos que só conheciam o vilarejo de origem tornaram-se emigrantes forçados, e entre eles o pai e os avós maternos do Papa Francisco. Buscaram trabalho nas cidades italianas, mas isso não seria suficiente.

Em seguida, muitos migraram dentro da própria Europa, uma migração sazonal na época de colheitas de uva, trigo, maçãs etc. Depois, regressaram para casa para pequenos momentos de paz. Quando tais alternativas já não surtiam efeitos, buscaram a emigração transoceânica, sobretudo para os países das Américas, tais como Estados Unidos, Canadá, Argentina e Brasil. Alguns como imigrantes espontâneos e outros contratados e com viagem pelos países receptores, como foi para muitos no Brasil.

A Argentina recebeu, no final do século XIX e início do XX, cerca de 2,9 milhões de italianos. O Brasil 1,5 milhão, e os Estados Unidos 5,6 milhões. De toda a Itália, foram expulsos da pátria 24 milhões de italianos. Um êxodo forçado e duro. O sonho era o de encontrar o Eldorado, mas nem sempre isso se manifestaria. E viriam sem sequer falar o espanhol, ou inglês ou português, conforme os países em que se estabeleceriam. Muitíssimos, como os ascendentes do Papa Francisco, falavam somente o dialeto da região de origem. A maior parte dos imigrantes italianos que foram para a Argentina era de camponeses originários da Itália do norte.

Pais de Bergoglio,
Mario José e Regina Maria

Para entender o papa, precisamos saber que ele é filho de imigrantes, filho de um ferroviário, filho de uma dona de casa, filho de um êxodo forçado. Ele é um daqueles membros que fizeram esta imensa viagem transatlântica. Ele é filho de um povo que caminhou e navegou em busca de uma nova vida; sonhou uma terra sem males, em um mundo sem guerras, sem fascismos nem opressão. Este é também outro importante útero do papa. O útero de um homem que é filho de migrantes e conhece seu passado e as dores do seu povo.

O papa nasceu na longa e dura estrada dos imigrantes italianos e se fez argentino, vivendo a presença do Deus libertador. Pois o Deus de Israel realiza sinais e, com sua mão forte, sempre protege o fraco e indefeso. O papa se fez caminheiro com os caminhantes.

O papa nasceu de Regina Maria

Primeira comunhão

Jorge nasceu na capital argentina, em 17 de dezembro de 1936, no seio de uma família católica, e localizado geograficamente no bairro portenho de Flores. Jorge Mario Bergoglio, o atual papa, é o filho mais velho de Mario e Regina. O casal teve cinco filhos. Seus irmãos são Alberto Horacio, Óscar Adrián, Marta Regina e María Elena, a única ainda viva dos quatro irmãos. No ano em que Jorge Mario nasceu, o Ministro das Relações Exteriores, Carlos Saavedra Lamas, ganhou o Prêmio Nobel da Paz por sua ação para pôr fim à Guerra do Chaco. O povo argentino ainda pranteava e sofria a morte de Carlos Gardel, que fora enterrado no cemitério La Chacarita em janeiro de 1936, por uma multidão de argentinos jamais vista até então.

Ainda em 1936, eclodiu na Argentina uma greve geral em apoio aos trabalhadores da construção civil, paralisados durante três meses. A manifestação pública dos grevistas na Plaza Onze teve muitos mortos, feridos e cerca de 2 mil presos. A greve dos pedreiros dirigida por militantes comunistas da Federação Operária tinha por líderes três nomes: Guido Fioravanti, Pedro Chiaranti e Rubens Iscaro. O mundo vivia a instabilidade da guerra civil espanhola, que se iniciou em 17 de julho de 1936 e que já prenunciava os tempos sombrios da iminente Segunda Guerra Mundial.

Ele foi batizado em 25 de dezembro, dia de Natal do ano de 1936, na paróquia Basílica salesiana de São Carlos Borromeu e Maria Auxiliadora, no bairro de Almagro, pelo padre Enrique Pozzoli, sdb, que mais tarde será seu diretor espiritual. Seus padrinhos foram Francisco Sivori e Rosa Vassallo de Bergoglio. Sua prima, irmã Ana Rosa Sivori, é religiosa das Filhas da Maria, Socorro dos Cristãos, e trabalhou como missionária na Tailândia por 46 anos.

Quando o Papa Francisco nasceu, o bispo de Roma, Pio XI (Ambrogio Damiano Achille Ratti) terminara de emitir a encíclica *Vigilanti Cura*, propondo um cinema moralizador. A Europa mergulhava na guerra. Em 1936 principiaram os Processos de Moscou, nos quais julgamentos sumários resultavam em deportação ou fuzilamento, esmagando os antigos dirigentes bolcheviques pelo terror de Joseph Stalin. Jacques Maritain lançou o seu profético livro: *Humanismo integral*, e Jean Paul Sartre publica a obra *O imaginário*.

Com 20 anos, Jorge Mario foi acometido de grave enfermidade e submetido a uma cirurgia em que lhe extirparam parte do pulmão. Apesar disto, sempre gozou de excelente saúde, ainda que devesse poupar-se de cantar. A única preocupação seria a diminuição de sua reserva respiratória se fosse afetado por uma infecção pulmonar. Enquanto isso, Jorge se faz verdadeiro argentino, apaixonado por futebol, bife de chouriço, tango e erva-mate. Seu sabor estético se estende à opera e à leitura de literatos como Fiódor Dostoiévski e Jorge Luis Borges.

Jorge Mario

Jovem seminarista

"A minha gente é pobre, e eu sou um deles", disse certa vez o então arcebispo portenho, explicando porque morava em um pequeno apartamento, e não em um palácio, e porque preparava a sua própria refeição. Aos padres argentinos sempre recomendava misericórdia, coragem e portas abertas. A pior coisa que pode acontecer na Igreja, disse Jorge Mario Bergoglio "é aquela que Henri de Lucac chamou de mundaneidade espiritual", que significa "colocar no centro a si próprio".

O papa nasceu no laboratório

Vivera toda a infância em Flores e foi aluno no colégio salesiano Wilfrid Barón de los Santos Ángeles, no bairro de Ramos Mejía. Estudou na Escola Nacional de Educação Técnica n. 27 Hipólito Yrigoyen, na qual se graduou como técnico químico, e trabalhou no Laboratorio Hickethier-Bachmann, realizando análises bromatológicas para controlar a higiene de produtos alimentícios. Diz o Papa Francisco que já nessa época sentia forte o chamado para a vida consagrada.

O papa nasceu jesuíta

Ao optar pelo presbiterato, aos 21 anos de idade, entrou no Seminário de Villa Devoto, em Buenos Aires. No dia 11 de março de 1958 passou ao noviciado da Companhia de Jesus e foi estudar

Humanidades no Chile, no seminário jesuítico, localizado na casa de retiros San Alberto Hurtado. Em terras chilenas fez o curso de Ciências Clássicas e aprofundou os seus estudos de história, literatura, latim e grego.

Em 1960, ao regressar a Buenos Aires, obteve a licenciatura em Filosofia no Colégio Máximo San José, em San Miguel de Tucumán. Entre 1964 e 1965 foi professor de Literatura e Psicologia no Colégio da Imaculada de Santa Fé (é leitor assíduo de Fiódor Dostoiévski) e, e em 1966, lecio-

Ordenado presbítero em dezembro de 1969

nou estas disciplinas no Colégio do Salvador, de Buenos Aires. De 1967 a 1970 fez os quatro anos de Teologia no Colégio Máximo de San Miguel. Entre 1970 e 1971 realizou a terceira provação dos jesuítas na Universidade Alcalá de Henares, em Madri, na Espanha. Durante os dois anos posteriores foi mestre de noviços em Villa Barilari, professor na Faculdade de Teologia e reitor do Colégio Máximo de San Miguel. Fez seus estudos pós-graduados na Philosophisch-Theologische Hochschule Sankt Georgen, na cidade de Frankfurt am Main, na Alemanha, a partir de março de 1986, e cursos especiais de espiritualidade. Além do espanhol, fala com fluência italiano, alemão, inglês, francês, latim; lê e escreve em português. Foi destinado ao Colégio do Salvador, e em Córdoba foi diretor espiritual e padre confessor. Entre 1980 e 1986 foi reitor do Colégio Máximo de San Miguel e das Faculdades de Filosofia e Teologia.

Presbiterato: No dia 13 de dezembro de 1969, com 33 anos, foi ordenado presbítero pelo arcebispo emérito de Córdoba, Dom Ramón José Castellano. No dia 22 de abril de 1973, fez a profissão perpétua como religioso, com 36 anos. No dia 31 de julho de 1973, elegeu-se provincial da Argentina, cargo que exerceu por seis anos. Durante este serviço religioso como provincial dos jesuítas, sofreu, bem como toda a nação argentina, com o golpe militar e a ditadura instaurada em 24 de março de 1976. Durante este período ajudou a salvar pessoas perseguidas e intercedeu por muitos presos políticos. Ajudou os perseguidos e ameaçados de morte pelos militares a saírem do país. Vários sacerdotes foram vítimas de sequestros, torturas e morte, especialmente aqueles padres vinculados ao Movimento de Sacerdotes para o Terceiro Mundo.

Bergoglio foi denunciado em 2005 por supostas conexões ou omissão diante do sequestro, pela ditadura argentina, de dois padres jesuítas: Orlando Virgilio Yorio e Francisco Jalics, em 23 de maio de 1976, quando era superior provincial dos jesuítas. As denúncias

Família Bergoglio em Buenos Aires

foram desmentidas pelo próprio Francisco Jalics, que contradisse de forma categórica as insinuações: "O missionário Orlando Yorio e eu mesmo não fomos denunciados pelo Padre Bergoglio, agora Papa Francisco", afirmou Jalics em uma declaração publicada no site da ordem jesuíta alemã.

Episcopado: No dia 20 de maio de 1992, o Papa João Paulo II designou Bergoglio como bispo titular de Auca e auxiliar de Buenos Aires, com 55 anos, sendo sagrado bispo em 27 de junho do mesmo ano na catedral portenha. Seu lema episcopal foi: "*Miserando atque elegendo*" [Olhou-o com misericórdia e o escolheu]. A frase provém de uma homilia de São Beda, o Venerável: "*Vidit ergo Iesus publicanum, et quia miserando atque eligendo vidit, ait illi, Sequere me* [Jesus viu ao publicano, e o viu com misericórdia e o escolheu, e lhe disse "Siga-me"].

O principal bispo sagrante foi o Cardeal Antonio Quarracino, arcebispo de Buenos Aires, e os dois bispos cossagrantes foram o arcebispo italiano Ubaldo Calabresi, núncio apostólico na Argentina; e Dom Emílio Ogñénovich, bispo de Mercedes-Luján, diocese do santuário nacional argentino. Foi promovido a arcebispo coadjutor de Buenos Aires no dia 3 de junho de 1997. Com a morte do Cardeal Quarracino, em 28 de fevereiro de 1998, assumiu como arcebispo de Buenos Aires e se converteu no primeiro jesuíta primaz da Argentina. Em 6 de novembro de 1998, o Papa João Paulo II o nomeou, concomitante ao cargo de arcebispo de Buenos Aires, bispo ordinário responsável pelos fiéis de rito oriental residentes na Argentina que não contassem com um bispo de seu próprio rito. Na Argentina, contam com bispo próprio os melquitas gregos, os maronitas, armênios e os ucranianos. Na Conferência Episcopal Argentina foi vice-presidente (2002-2005); membro da Comissão Executiva e da Comissão Permanente, representando a Província Eclesiástica de Buenos Aires. Integrou as comissões episcopais de Educação Católica e foi o grão-chanceler da Universidad Católica Argentina.

Como arcebispo metropolitano de Buenos Aires procurou animar sua Igreja para viver um projeto missionário centrado na comunhão e evangelização. O projeto tinha quatro objetivos: uma comunidade aberta e fraterna; protagonismo de um laicato consciente; evangelização voltada para cada um dos habitantes da cidade; assistência aos pobres e enfermos. Convidou padres e leigos para um trabalho conjunto.

Cardinalato: Tornou-se cardeal-presbítero em 21 de fevereiro de 2001, aos 64 anos, recebendo o barrete vermelho e o título de São Roberto Belarmino das mãos do Papa João Paulo II. Participou como relator geral adjunto da X Assembleia Ordinária do Sínodo dos Bispos, no Vaticano, acontecida entre 30 de setembro e 27 de outubro de 2001. Na Santa Sé foi membro da Congregação para o Culto Divino e a Disciplina dos Sacramentos; da Congregação para o Clero; da Congregação para os Institutos de Vida Consagrada e as Sociedades de Vida Apostólica. Também integrou o Pontifício

Cardeal Bergoglio no metrô

Conselho para a Família, a Comissão para América Latina (CAL) e o Conselho Ordinário da Secretaria Geral para o Sínodo dos Bispos. Participou no conclave de 18 e 19 de abril de 2005, em que foi eleito o Papa Bento XVI e, também, na XI Assembleia Geral Ordinária do Sínodo dos Bispos, no Vaticano, de 2 a 23 de outubro de 2005. Foi membro do Conselho pós-sinodal desta mesma assembleia. No dia 9 de novembro de 2005 foi eleito Presidente da Conferência Episcopal Argentina, para o triênio 2005-2008, e reeleito para o triênio 2008-2011. Em 2005, o então cardeal Bergoglio, presidente da Conferência Episcopal Argentina, autorizou o início da causa para a beatificação de seis membros da Sociedade de Vida Apostólica dos padres palotinos que foram assassinados por militares em 1976, no massacre de São Patrício. E mandou investigar o massacre em si, atribuído pelo povo ao regime militar. Foi membro participante da IV Conferência Geral do Episcopado Latino-Americano e Caribenho, que teve lugar em Aparecida, no Brasil, de 13 a 31 de maio de 2007. Foi nomeado membro da Pontifícia Comissão para a América Latina (CAL) em 23 de fevereiro de 2013. Participou do conclave de 12 e 13 de março de 2013, onde foi eleito papa, com 76 anos de idade.

Bispo de Roma: Eleito bispo de Roma no dia 13 de março de 2013, tomou o nome de Francisco. Dias depois, em 19 de março, inaugurou seu ministério petrino, após 43 anos como presbítero e 20 anos como bispo. Tomou posse da Basílica papal de São João de Latrão, em 7 de abril, às 17h30. A missa inaugural de seu pontificado ocorreu em 19 de março, na grande festa de São José, sendo concorrida por delegações oficiais vindas de 132 países e líderes de outras confissões religiosas. Entre estes estava o patriarca ecumênico de Constantinopla Bartolomeu I, em um fato insólito que não ocorria deste o cisma do Oriente há quase mil anos.

O papa renasceu em seus textos

Destacamos a seguir algumas dentre as principais obras do Papa Francisco:

Meditaciones para religiosos. Buenos Aires: Ediciones Diego de Torres, 1982. 311p. (OCLC 644781822).

Reflexiones espirituales sobre la vida apostólica. Buenos Aires: Ediciones Diego de Torres, 1987. 321p. (ISBN 9789509210073).

Reflexiones en esperanza. [S.l.]: Ediciones Universidad del Salvador, 1992 (OCLC 36380521).

João Paulo II, Papa; Castro, Fidel; Bergoglio, Jorge Mario (ed.). *Diálogos entre Juan Pablo II y Fidel Castro*. Buenos Aires: Ciudad Argentina/ Editorial de Ciencia y Cultura, 1998 (ISBN 9789875070745).

Educar; exigencia y pasión: desafíos para educadores cristianos. Buenos Aires: Editorial Claretiana, 2003. 190p. (ISBN 9505124570).

Ponerse la patria al hombro; memoria y camino de esperanza. Buenos Aires: Editorial Claretiana, 2004. 80p. (ISBN 9789505125111).

La nación por construir; utopía, pensamiento y compromiso. Buenos Aires: Editorial Claretiana, 2005. 78p. (ISBN 9789505125463).

Corrupción y pecado; algunas reflexiones en torno al tema de la corrupción. Buenos Aires: Editorial Claretiana, 2005. (ISBN 9789505125722).

Sobre la acusación de sí mismo. [S.l.: s.n.], 2006.

El verdadero poder es el servicio. Buenos Aires: Editorial Claretiana, 2007. 364p. (OCLC 688511686).

Bergoglio, Jorge Mario; Rubin, Sergio; Ambrogetti, Francesca (entrevistadores). *El jesuita: conversaciones con el cardenal Jorge Bergoglio, sj.* Barcelona: Vergara/Grupo Zeta, 2010.

Bergoglio, Jorge Mario; Abraham, Skorka. *Sobre el cielo y la tierra*. Buenos Aires: Editorial Sudamericana, 2010.

Nosotros como ciudadanos, nosotros como pueblo; hacia un bicentenario en justicia y solidaridad. Buenos Aires: Editorial Claretiana, 2011. Mente abierta, corazón creyente. [S.l.: s.n.], 2012.

Bergoglio, Jorge Mario et al. *Dios en la ciudad*; primer Congreso pastoral urbana región Buenos Aires. Buenos Aires: San Pablo, 2012. 248p.

Homilías y mensajes (1999-2013). Arzobispado de Buenos Aires.

Vidal, José Manuel; Bastante, Jesús. *Francisco, el nuevo Juan XXIII. Jorge Mario Bergoglio*; el primer pontífice americano para una nueva primavera de la Iglesia. Buenos Aires: Desclée de Brouwer/Religión Digital Libros, 2013.

Fontes das informações: *Revista Família Cristã*, Celam, Catholic Hierarchy, Vaticano, Boletim de notícias da CNBB, Agências de notícias, Arquidiocese de Buenos Aires, Societas Iesu: Companhia de Jesus, The Tablet, *Catholic News Reporter*, jornal *O São Paulo*, Adital, *Revista Missões*.

Parteiros e parteiras na Igreja de Cristo

Francisco tem demonstrado ser um papa capaz de caminhar com judeus, islâmicos e gente de todas as crenças. Realizar o parto e a mudança no centro da Igreja Católica, em favor de toda a Igreja Universal, será uma tarefa árdua, que conta certamente com o empenho dos bispos do mundo inteiro. Mas isso não bastará, pois o fundamento do cristianismo é a fé vivida e confessada por cada batizado. Será preciso que cada católico faça a sua parte e viva a sua fé na experiência pessoal com Cristo e na manifestação pública de sua esperança. Essa é a parte mais profunda e urgente neste processo de conversão. Todos são participantes nesse parto ecumênico e plenamente humano orquestrado pelo bispo de Roma.

O Papa Francisco surgiu na janela vaticana propondo um sonho. "Sonho que se sonha só é pura ilusão, sonho que se sonha juntos já é sinal de solução", canta a melodia composta pelo profeta nordestino Dom Helder Camara. É dele este outro pensamento sonhador: "Há gestos que valem como um programa de vida: erguer um candeeiro, afastar as trevas, difundir a luz, mostrar o caminho".

É hora de realizar partos e cuidar da vida da Igreja e de sua missão. Coragem, Papa Francisco, mostre-nos o caminho! De esperança em esperança, sempre!

FRANCISCO:
NOME QUE É UM PROGRAMA

Luiz Carlos Susin

O Papa Francisco explicou, ele mesmo, e de forma a não deixar dúvidas, o sentido da escolha de seu nome. É que o nome escolhido pelo eleito ao pontificado sempre tem alguma inspiração na história do cristianismo e, mais frequentemente, na história dos papas. Comentou-se que não lhe faltaram por parte de alguns cardeais sugestões na lista dos 265 papas predecessores, sobretudo os que foram reformadores em sua atuação à frente da Igreja. Ele disse, no entanto, em sua primeira entrevista à imprensa, que, ao ser eleito, estando ao seu lado o cardeal franciscano Dom Cláudio Hummes, este o abraçou e disse o que o Concílio de Jerusalém exortou em carta os cristãos que não provinham do judaísmo e que eram dispensados de seguirem os rituais judaicos: "não se esqueça dos pobres". Foi então, contou o papa, que lhe veio insistentemente à mente São Francisco de Assis. E a memória do *poverello* de Assis lhe remetia a uma Igreja pobre e dos pobres, mas também ao trabalho pela paz no mundo e ao cuidado da criação.

Estes três pontos "franciscanos" foram repetidos pelo Papa Francisco em sua homilia, por ocasião da inauguração de seu pontificado, desta vez na festa de São José, o "cuidador" de Nazaré: a) uma Igreja que seja testemunha de uma vida simples e que tenha cuidado pelos mais frágeis; b) o cuidado pela paz; c) o cuidado pela natureza. Portanto, estes são os três pontos, os três cuidados, que justificam o nome.

Neste texto, porém, quero aprofundar o significado da figura do próprio Francisco de Assis como inspirador de um pontificado. Claro que isso foi também amplamente comentado desde os primeiros instantes em que ecoou o nome "Francisco" pela Praça de São Pedro, em Roma. Ocorreu aos presentes imediatamente, de fato, a evocação de São Francisco de Assis, ainda que, diante do fato de o papa provir de uma família religiosa – os jesuítas – que tem em São Francisco Xavier um modelo de missão, teria sido também coerente pensar neste outro Francisco, o das missões até os confins da Ásia. Afinal, a Ásia, que conta com dois terços da humanidade, é um grande interlocutor também para a Igreja Católica na atual globalização. Mas o papa confirmou: é mesmo São Francisco de Assis. E agora escrevo como franciscano: penso que o mais surpreso em tudo isso foi o próprio São Francisco de Assis! Como poderia ele imaginar ser inspiração e, sobretudo, modelo para um papa? Conhecendo um pouco de sua vida e seus conflitos de governo da Ordem que começava com ele, inclusive seu recurso ao papa, o que pode ele oferecer de inspiração para quem deve governar uma imensa multidão de cristãos católicos mundo afora, nos dias de hoje? Por isso, tratarei primeiro – um pouco aflito – da questão das relações de Francisco com a instituição e o necessário mas problemático poder de governo, mesmo que seja um poder de serviço. Depois tratarei dos três aspectos nos quais, de fato, Francisco de Assis pode inspirar o pontificado do Francisco de Roma.

Francisco de Assis: tão simples e tão antissistêmico

Importa, em primeiro lugar, abster-se de expectativa exagerada em relação às possibilidades de imitação de modelos. Até porque imitação é algo praticamente impossível em qualquer caso que se pretenda. Na tradição franciscana se preferiu a palavra "seguir" à palavra "imitar", quando se colocou como forma de vida a relação com Jesus: "seguir os passos e as palavras de Nosso Senhor". E isso provém do próprio Francisco de Assis. Mais tarde, São Boaventura, franciscano da gema e teólogo místico de colorido agostiniano e platônico, afirmaria que o seguimento tem como finalidade a *in-mitação*, ou seja, etimologicamente, "enviar para dentro", portanto "interiorização". Segue-se para imitar, para interiorizar, para tornar-se igual! Mas isso é sutileza. Entre as tantas bem-humoradas narrativas em torno de Francisco, conta-se a de um frade que queria imitar todos os seus gestos: Francisco repreendeu-o docemente. Portanto, nem imitação externa e nem mesmo imitação como interiorização: trata-se de reinventar os passos, de seguir no mesmo caminho, de inspirar o próprio passo e a própria direção do caminho nos passos de quem seguiu à frente e chegou bem.

É impressionante o estudo psicanalítico *De Narciso a Jesus*, de Marc Charron, teólogo canadense de Montreal, sobre a vida de Francisco de Assis. Ele mostra de forma convincente que a integração harmoniosa de tantos aspectos antropologicamente profundos em Francisco – a sua simplicidade, a sua alegria, a sua fraternidade universal etc. – se devem, na verdade, a conflitos muito grandes com os quais ele teve que lidar longamente em relação aos afetos, ao prestígio, às pequenas e grandes vaidades e aos bens. Na verdade, o desapego dos bens e a sua pobreza tão radical são um aspecto de algo que é muito profundo nele: a desapropriação até de si mesmo, de sua alma, de seu destino. Nesse sentido, Francisco tem um grande parentesco com Rhumi, o místico muçulmano seu contemporâneo que deu origem ao sufismo e seus monges dançantes. Ou mesmo, mais ao Oriente, com os ensinamentos de desapego e compaixão de Buda, também frutos de um laborioso e até doloroso caminho.

Mas o mais importante na conclusão do estudo *De Narciso a Jesus* é a absoluta originalidade do caminho de Francisco, que se pode dizer respondendo a Sartre: *o que ele fez com o que fizeram dele*. Ele elaborou um caminho de seguimento de Jesus em resposta ao zelo exagerado da mãe, às ambições megalomaníacas do pai, à moratória de sua juventude conservada artificialmente pelo dinheiro gasto em vaidades e cultivo da autoimagem, e depois em resposta aos revezes: da guerra, da prisão, da doença, da perda dos ideais da nobreza cavalheiresca e de enriquecimento da burguesia nascente, tudo ganho e perdido rapidamente em plena juventude.

O caminho de Francisco de Assis teve, assim, uma instabilidade e uma dramaticidade que não se conhece na biografia bem mais centrada de Clara de Assis. Ela mesma precisou socorrer Francisco em alguns momentos de inclinação à depressão e à radicalização. Se ficarmos com seu primeiro biógrafo, Tomás de Celano, que o conheceu pessoalmente, saberemos que o jovem que antes gostava de "comidas delicadas e vestes esvoaçantes", depois passou a colocar cinza na comida e remendos pelo lado de fora de sua túnica de pobre, para que os outros soubessem que ele buscava se aquecer sem hipocrisia. Este radicalismo somente se explica por sua biografia, em sua busca muito pessoal de equilíbrio. Claro que o mais interessante, mesmo diante de seu cuidado exagerado na relação com as mulheres, foi a integração e a liberdade obtidas já em sua doença terminal: uma mulher amiga entrou convento adentro trazendo-lhe bolinhos de seu gosto e uma roupa de bela fazenda. A mulher, a roupa, a comida: Francisco era finalmente uma pessoa integrada e livre. Ou seja, sua biografia é tal que não se pode pretender imitar.

O mais importante, para o nosso caso, é o fato complicador de sua decepção com as instituições de sua cidade: Francisco tentou, mas acabou abandonando o ideal de cavaleiro e de nobreza que o pai estava disposto a sustentar com seu dinheiro. Também não conseguiu convencer-se com a profissão de mercador de seu pai, cujo trabalho e dinheiro representavam possibilidades novas de inclusão numa sociedade ainda dividida pela tradição de sangue. Mas o custo era muito alto, era como vender a alma ao dinheiro. E, ao contrário, sua primeira experiência de despojamento e de fraternidade alegre na mais simples pobreza, no trabalho de diarista e na convivência com pobres e doentes, marcou-o para sempre. Quando a fraternidade cresceu, precisou se organizar. Ele ainda levou adiante por alguns anos a liderança de sua jovem fraternidade, conseguindo do papa a aprovação de algumas orientações evangélicas para seguirem como grupo de penitentes. Mas em pouco tempo, em alguns anos, passaram de centenas a até cinco mil. Entraram em seu grupo alguns padres e leigos intelectualizados, começaram a existir tendências, partidos, e Francisco resistia ao pedido para organizar uma Ordem com regras e instituições fortes. Ele confiava no Espírito, na sua inspiração a cada frade. Temia apagar o carisma sob a instituição. Tomou então duas providências: 1. Pediu ao papa um legado, um representante junto a seu enorme grupo para acompanhá-lo mais de perto em nome da Igreja. 2. Renunciou a ser o governante da Ordem nascente, criando o encargo de ministro para que o governo estivesse em boas mãos, mas não mais nas suas. Ele seria, desde a sua renúncia, simplesmente "o Irmão" Francisco, bem a seu gosto e espírito.

Eloi Leclerq, em *A sabedoria de um pobre*, anota que Francisco conhecia bem cada irmão, conhecia Frei Leão, Frei Ângelo, Frei Pacífico, mas não conhecia "uma Ordem". A crise de Francisco em relação à sua Ordem consistiu em dar-se conta de que não conseguia mais governar tanta gente com tantas diferenças, sobretudo diante da pressão para criar regras claras e fortes, ao invés de apenas seguir com os versículos do Evangelho. Francisco era muito concreto na relação direta com cada realidade, e não conhecia leis gerais e abstrações. Nem queria sofisticações, o que podia parecer uma volta ao que o tinha enganado em juventude. Mas como seria possível tal multidão viver como os pássaros do céu e os lírios do campo? Como iriam enfrentar a doença e o envelhecimento? Como iriam pregar seus sermões sem livros e sem estudos? Ele, de fato, liberou Santo Antônio para que ensinasse um pouco de teologia aos demais que iriam pregar, sempre com o cuidado de que isso não apagasse o espírito de simplicidade na oração. Finalmente, o que socorreu Francisco foi a Igreja, o próprio papa.

Francisco, a Igreja e o papa

Totus catholicus et apostolicus – inteiramente católico e apostólico – é um título que honra São Francisco de Assis. Isso se explica de diversas maneiras. Uma delas foi o seu cuidado em não ofender e nem mesmo criticar a Igreja na sua hierarquia: não tinha olhos para ver padres que mal sabiam ler ou que tinham vida pouco exemplar, bispos com exagero de poder ou bens. Apenas via neles o sacramento da graça, a palavra inspiradora, a orientação segura. De um padre recebeu a explicação do Evangelho que resolveu sua vida. Do bispo de Assis recebeu simpatia e proteção. Ganhou a benevolência de Inocêncio III, e depois de Honório III.

Francisco sabia da existência de movimentos apostólicos que propunham uma vida leiga, de pobreza e simplicidade, de oração e peregrinação evangelizadora, propostas que tinham origem admirável: a santa intenção de seguir os passos do Evangelho. Mas grande parte desses movimentos entrou em choque com as autoridades, alguns se tornavam arrogantes, elites espirituais que acabavam isolando-se.

Yves Congar, em seu livro *Verdadeiras e falsas reformas na Igreja*, ao analisar historicamente estes movimentos, conclui desenvolvendo alguns critérios para que uma reforma não se perca do conjunto da vida da Igreja, mas possa realmente frutificar.

Os séculos XII e XIII foram fartos em reformas, e Francisco não podia desconhecer algumas que ainda acaloravam as discussões: os *humiliati* do norte da Itália, os pobres de Lião ou *valdenses* do sul da França, e, sobretudo, o grande e radical movimento dos *cátaros*, que terminou tragicamente sob o fogo de massacres.

A comunhão com a Igreja levou Francisco a ser zeloso em relação à liturgia e à obediência ao clero, ao exame sobre as ideias dos frades na admissão à fraternidade e dos pregadores para garantir a sua *catolicidade* no testemunho e na pregação. Diante do risco de manifestações de protesto e dissidência na liturgia, o que era comum nos movimentos espirituais da época, Francisco deixou em seu testamento uma exigência, sob pena de prisão, para que se celebre a liturgia "conforme a Igreja romana". Mesmo assim, enquanto vivo, não aceitou facilitações por parte da Cúria Romana, nem privilégios e isenções. Tratava de defender, assim, a simplicidade de vida e a autonomia sem compromissos com favores.

Inocêncio III, de grande inteligência e governo forte, quis promover uma reforma na Igreja, "na cabeça e nos membros", pensando sobretudo reformar a Cúria Romana e o clero. Convocou e levou a cabo o IV Concílio de Latrão, em 1215, um concílio de visão reformadora. Francisco, ao lado de Domingos, acompanhou o concílio e o levou imediatamente em conta, adaptando suas exigências a seu grupo. Mas tinha jeito conciliador. Assim, por exemplo, os frades tinham o costume de confessarem-se mutuamente, independente de serem sacerdotes, de tal maneira que rezavam uns pelos outros implorando o perdão. Com o concílio foi baixada a norma de que todos se confessassem com um sacerdote. Então, a regra franciscana ficou assim: que os irmãos, na ausência de sacerdote, confessem uns aos outros seus pecados e implorem perdão uns pelos outros, exortem um ao outro, e quando chegarem a um lugar em que houver sacerdote, confessem novamente a este último. De certa forma, salva cabra e repolho, salva o bom costume em andamento no grupo e também a nova norma da Igreja!

Mas Inocêncio III morreu repentinamente no ano seguinte, 1216, na cidade de Perúgia, vizinha e rival de Assis. E lá, ao invés de ser velado adequadamente, foi assaltado em seu esquife, ficando quase nu. A Francisco impressionou muito esta miséria do poder e da riqueza. Somente depois da morte de Francisco, a partir de 1227, o Cardeal Hugolino, que tinha sido designado para ser o protetor e representante do papa junto à Ordem, tornando-se Papa Gregório IX, tomou para si o direito de interpretar a intenção de Francisco, mas concedeu privilégios e isenções aos frades para que entrassem por todo lado, dioceses e paróquias, e ajudassem o papa na reforma desejada desde o tempo de Inocêncio III. Os franciscanos, ao lado dos dominicanos, colaboraram, assim, com um grande projeto de centralização da Igreja. Mas isso foi bem além da intenção de Francisco, que só sabia de coisas simples.

Assim, ao longo da história franciscana ficaria para sempre a tensão entre a simplicidade da intuição e a complexidade da instituição, o despojamento de tudo e os privilégios e licenças para cumprir missões.

Normalmente, quando uma ordem se sofistica, há algum movimento de retorno à simplicidade inicial e rupturas, com a criação de novo grupo. Ao contrário da Ordem dos Pregadores, fundada por São Domingos – os dominicanos – ou da Companhia de Jesus, os jesuítas fundados por Santo Inácio de Loyola, os franciscanos continuam até hoje a se fragmentar para poder dar conta da intuição inicial de despojamento e simplicidade de vida.

Mas como sempre de novo a organização, a instituição, enfim a Ordem, se impõe, pode-se legitimamente fazer a pergunta de

Théophile Desbonets, em seu livro *Da intuição à instituição*: O que sobrou da intuição depois da instituição? Depois de séculos, ele conta a experiência do protestante Sabatier, que pesquisou e escreveu sobre São Francisco: ao ser recebido por um monge, foi gentilmente conduzido à sala de espera do abade, mas, quando foi recebido por um frade, este logo lhe perguntou: "Já comeu?". Em conclusão: sobrou o realismo da pessoa em carne e osso, o conhecimento de cada indivíduo, de Frei Leão, de Frei Pacífico, e não a seriedade de uma Ordem. Pode um papa, à frente de uma imensa e complexa Igreja, seguir as intuições de Francisco? Os três pontos já mencionados pelo Papa Francisco não são somente franciscanos, mas há um modo franciscano de interpretá-los e realizá-los. O nome escolhido indica que este papa pensa em realizá-los na forma franciscana.

Francisco e a evangélica opção preferencial pelos pobres

O Papa Francisco foi presidente da comissão de redação do Documento de Aparecida, a assembleia de bispos latino-americanos de 2007. Nesta assembleia se reafirmou com vigor a opção preferencial pelos pobres, já de tradição latino-americana desde Medellín. Diversos vídeos que circulam na internet deixam clara a posição do então Cardeal Bergoglio, arcebispo de Buenos Aires, em sua referência pastoral à identidade cristã que este "lugar teológico" dos pobres decide. Ao repreender a Caritas da Argentina por ter celebrado seu aniversário longe dos pobres, afirma sem meios-termos que somente na convivência com os pobres se aclara o conhecimento de Cristo (cf. <http://www.youtube.com/watch?v=9oE0X-XcT5M>).

Ao celebrar no santuário mariano de Luchan a festa do bicentenário da independência da Argentina, afirma que ali são acolhidos os pobres, e os que não são pobres sequer estão ali porque dispensam a si mesmos desta acolhida. Se nos remetemos, depois disso, a

São Francisco, o que ele testemunha no começo de seu testamento é justamente isso: que o Senhor o conduziu para o meio dos pobres e dos doentes, e que ao servi-los ele viu converter-se o que era amargo em doce e o que era doce em amargo. Dessa forma ele descreve sua conversão ao Senhor, não separada do contexto dos pobres. Assim começou a viver uma vida de despojamento e de seguimento evangélico e viu melhor a face do Senhor.

O clamor atual de renovação da Igreja, um clamor reiterado pelo papa renunciante, Bento XVI, em sintonia com muitas vozes em toda a Igreja e até fora dela, certamente toma para este papa, Francisco, o caminho pedagógico de São Francisco de Assis: "não se esqueça dos pobres", ou seja, voltar ao contato com os pobres como algo evangelicamente central e essencial, na solidariedade e no serviço, aprendendo assim a ser uma Igreja despojada, simples, servidora, certamente evangélica e fiel a Cristo.

A simplificação não é, portanto, um belo teatro. É algo natural a quem está centrado no essencial. Como dar este testemunho vivendo no centro de um acúmulo histórico de bens, de arte e turismo, de cerimônias e recepções, de diplomacia e títulos de honra – o Vaticano? Como ser simples e despojado sendo chefe de Estado? Como lidar com a enorme burocracia que enrijece qualquer inocência?

Os passos concretos ficarão por conta da criatividade e das oportunidades. Por exemplo, há pouco o papa manifestou o desejo de encontrar o Monsenhor Loris Capovilla, quase centenário, que foi secretário particular de João XXIII. Os sinais do bom Papa João foram tão claros na época, que a filósofa judia Hanna Arendt dedicou-lhe um artigo com o título "Um cristão no trono de Pedro". Portanto, possibilidades existem; resta aguardar os próximos movimentos de Francisco.

No Oriente cristão do primeiro milênio o movimento *hesicasta*, que pretendia conduzir a mente ao coração pelo método de *silenciamento* da mente, expandiu-se como um movimento de despojamento e simplicidade de vida, uma mística da vida simples e pobre. Quando atingiu o palácio do imperador, através da conversão da imperatriz ao movimento *hesicasta*, criou uma tremenda crise política que resultou no contramovimento *iconoclasta* como perseguição aos *hesicastas*. O paradoxo era explosivo: Como pode uma imperatriz ser pobre? Já o movimento de São Francisco não estava concentrado propriamente na pobreza, mas na *desapropriação*, e até hoje o voto franciscano é rigorosamente *sine proprium*, que quer dizer não ter propriedade, não apropriação, desapropriação. Isso acontece pela solidariedade e pela partilha dos bens e dos dons que a tradição franciscana chamou de *mesa do Senhor*. Para isso, eram mendicantes, oferecendo a oportunidade para todos colocarem em comum com os doentes, os incapacitados, os bens e dons da criação. A mendicância estava, assim, estreitamente unida à evangelização, o anúncio da *mesa do Senhor*, sinal escatológico do seu Reino. Isso é possível em qualquer circunstância, mesmo como papa da mais complexa instituição histórica. Está intimamente conectado com a fraternidade e a paz.

Francisco e o diálogo pela paz

A Oração da Paz – "Senhor, fazei-me instrumento de tua paz!" – é atribuída a São Francisco de Assis. Ele adotou o anúncio da paz que está no Evangelho desde a sua conversão. Há três casos de paz e reconciliação que merecem ser lembrados.

O primeiro se refere às cruzadas: Francisco pediu uma exceção ao papa, a de receberem a mesma indulgência plena dos pecados os que, ao invés de irem para a cruzada contra os muçulmanos, fossem rezar pela paz na pequena capela de Santa Maria dos Anjos que ele tinha restaurado. Quando, finalmente, aproveitou a nave dos cruzados para ir até os muçulmanos, buscou contato com nada menos que o sultão do Egito, Ali Kamel, para dialogar sobre a fé em Cristo, o que lhe valeu a benevolência de um salvo-conduto entre os muçulmanos para visitar a Terra Santa. A atualidade deste gesto de diálogo com o Islã e com as múltiplas tradições religiosas do mundo de hoje salta aos olhos. Pelo diálogo, os inimigos se transformam em amigos. Vale lembrar a tese de Hans Küng: não haverá paz entre os povos se não houver paz entre as religiões, e não haverá paz entre as religiões se não houver conhecimento mútuo. A religião, de fato, é a alma da cultura e da identidade, e hoje temos uma exuberância crescente das religiões, inclusive com riscos de fundamentalismo e violência. Bergoglio dialogava com o rabino Skorka de Buenos Aires como seu amigo. No começo do pontificado, assinalou imediatamente para um diálogo também com o Islã.

O segundo caso integra o imaginário poético da narrativa franciscana: conta-se que a cidade de Gubbio estava armada por causa de um lobo que rondava por seus campos. Francisco foi chamado para dar uma solução ao caso. O que ele fez foi propor uma aliança entre a cidade e o lobo: a cidade o alimentaria e o lobo se tornaria doméstico. Caminhou desarmado em direção ao lobo e tratou diretamente com o animal tanto da situação insustentável como de todos os termos da aliança, e a partir daí a cidade ganhou um "irmão lobo". Esta narrativa é um modelo de processo de verdade e reconciliação, modelo de construção da paz mediante o diálogo, até beirando o irracional e o risco da unilateralidade.

O terceiro caso se deu já no final de sua vida: o bispo e o prefeito de Assis estavam brigados e ofendidos em seus poderes. Francisco, doente, compôs alguns versos de bem-aventurança pelo perdão e enviou alguns frades a cantar para os dois. E ambos, comovendo-se com a mensagem de Francisco, superaram as suas diferenças. Se com o lobo Francisco raciocina, com os poderosos ele canta e comove: usa o choque do paradoxo, o que parece impossível, a linguagem da cruz de Cristo, conforme São Paulo.

Em nosso tempo de globalização intensa, os conflitos de acotovelamento também tendem a se intensificar, aumentando a xenofobia e a inimizade, a *endemonização* do outro, que justifica a violência. A maior missão da Igreja no mundo pluralista, antes mesmo de anunciar Cristo, é fazer o que Cristo mandou fazer: edificar a paz. E, como diz a bem-aventurança, é uma arte: felizes os artesãos de paz. Uma paz planetária que transforme a terra, nosso planeta azul suspenso no espaço sideral, em casa habitável para todos os filhos da terra. Isso é mais urgente do que a sobrevivência da própria Igreja.

Francisco e a irmã e mãe terra

Concluímos com o terceiro ponto do programa do Papa Francisco, ao lado dos pobres e da paz: a integridade da criação em tempos de desequilíbrio ecológico, de aquecimento global, desertificação, climas extremos, risco de crise alimentar generalizada. É claro que não se trata de programa para um papa apenas. Sozinho ele não pode nada. Não é programa para a Igreja apenas, mas a Igreja, com as demais Igrejas e tradições religiosas, tem um poder grande de sensibilizar a humanidade para o novo paradigma que se descortina com a crise que é ao mesmo tempo perigo e oportunidade.

Estamos descobrindo um novo paradigma de conhecimento e de convivência, estamos saindo do mecanicismo e da arrogância com que tratamos as outras formas de vida e as criaturas como simples coisas. A Igreja pode ajudar na urgente alfabetização ecológica, na criação de uma nova sensibilidade em relação com os demais seres, animais, plantas, micro-organismos, até o irmão vento, a irmã cigarra ao lado do irmão lobo. Ela pode fazer sinais eficazes de antecipação do reinado messiânico em que o leão e o boi pastarão juntos, conforme a visão profética de Isaías. Para isso, serve o presépio de Francisco, mas também o assento e a palavra na ONU e em todos os espaços possíveis.

Os sinais de simplificação, moderação e austeridade de vida são preciosos, e poderão potencializar os que já existem, como o movimento *Simple Life* (vida simples), da Inglaterra, ou o *Decrescita Felice* (decrescimento feliz), na Itália, e milhares de outros em todos os continentes, ao chegarmos a esta grande curva da história da humanidade sobre a terra.

Estamos todos juntos, atados ao mesmo destino sobre a terra, e ninguém, nem a Igreja, se salvará sozinho. A bem-aventurança prometida no céu não se dará com desprezo de uma felicidade simples antecipada na terra. São Francisco de Assis, amante das criaturas, pode inspirar o papa nesta cruzada por toda forma de vida.

Maria, nossa Mãe, ajude-nos a conhecer sempre melhor a voz de Jesus e a segui-la, para andar no caminho da vida!

FRANCISCO:
PAPA E JESUÍTA

Mario de França Miranda

A formação recebida na escola de Santo Inácio de Loyola certamente incidirá na nova missão de Jorge Mario Bergoglio como dirigente máximo da Igreja Católica. Tanto as experiências que teve como seminarista na ordem dos jesuítas, de cunho comunitário, espiritual ou intelectual, quanto suas atividades como jesuíta já formado, seja no campo da espiritualidade, seja do governo, se realizaram sempre dentro do espírito e das orientações próprias desta ordem religiosa.

Conscientemente ou mesmo sem se dar conta, qualquer pessoa, a partir do que viveu no passado, assimila valores, critérios, tradições, hábitos, padrões de comportamento que irão marcar a sua personalidade. É assim que ela adquire um modo peculiar de olhar a realidade, de emitir juízos sobre fatos, de estabelecer objetivos, de reagir diante de certas situações, enfim de constituir sua própria identidade. E o Papa Francisco não foge à regra. Mesmo sem pretender desempenhar a função de futurólogo, podemos mencionar algumas características do jesuíta Jorge Mario que poderão marcar seu pontificado.

Observamos de início que a espiritualidade inaciana é apenas uma entre outras ricas e profundas espiritualidades da Igreja Católica. Naturalmente cada uma delas acentuará alguns pontos da vida e da mensagem de Jesus Cristo, sendo que todas elas, vividas autenticamente, se encontram e se assemelham por terem suas raízes no mesmo solo do Novo Testamento. Lembremos ainda que não se pode deduzir linearmente desta espiritualidade as tomadas de posição e as iniciativas futuras do Papa Francisco. Pois ela pode constituir apenas uma motivação de fundo para as mesmas, as quais poderiam ser despertadas igualmente por outras espiritualidades.

Uma Igreja missionária

Todo o sentido da Companhia de Jesus é estar a serviço da Igreja em vista da *missão*. O jesuíta é chamado por Deus para ser enviado em missão, qualquer que ela seja. Daí a preocupação de Santo Inácio de Loyola em prescrever para os jesuítas uma sólida formação espiritual, juntamente com uma ampla e profunda formação intelectual. Só assim poderiam eles enfrentar os mais variados desafios que a sociedade lhes oferecia. Esta mesma característica levará os membros desta ordem para as mais diversas frentes de batalha, de cunho educacional, missionário, intelectual, assistencial ou social, deparando-se com situações inéditas e correndo o risco ao lhes dar respostas inovadoras.

Nesse sentido, o campo de atuação da Companhia de Jesus é multiforme, abrangendo qualquer setor da vida humana sempre com o objetivo de irradiar aí a mensagem evangélica. Daí a ausência do que poderia constituir entraves para a missão externa, como seria o ofício divino rezado no coro. Daí também a caracterização das comunidades jesuíticas como comunidades apostólicas. Numa palavra, para o jesuíta a missão é sempre *prioritária*. Em vista dela é que ele deve administrar sua saúde, seus estudos, suas iniciativas, seus compromissos, seu tempo disponível, seus hábitos, seus relacionamentos, embora jamais individualmente, mas sempre como membro de um *corpo apostólico* num trabalho em equipe.

Certamente esta característica deverá marcar a *eclesiologia* do Papa Francisco. Uma Igreja que seja realmente missionária, voltada para a sociedade, em obediência ao mandato de Cristo Ressuscitado: "Ide, pois, fazer discípulos entre todas as nações" (Mt 28,19). Uma Igreja a serviço da humanidade, ao procurar nela incutir os valores evangélicos do amor fraterno, da justiça, da solidariedade, do perdão. Uma Igreja que não tema entrar em diálogo com o mundo na linha da Constituição apostólica *Gaudium et Spes* do Concílio Vaticano II. Uma Igreja que saiba escutar a sociedade com seus anseios e suas perplexidades, que saiba captar os "sinais dos tempos", pois também neles se manifesta o Espírito Santo que a guia. Uma Igreja cuja preocupação não se esgote em sua autoconservação, que esteja fortemente voltada para si mesma, cuja identidade se fundamente apenas no âmbito doutrinal ou jurídico, deixando em segundo plano sua finalidade última de implantar o Reino de Deus, de fazer de toda a humanidade o Povo de Deus, embora sua plena realização se dê na vida eterna. Uma Igreja cuja missão implica conhecer e levar a sério o clamor de uma sociedade em crise que busca referências substantivas não fornecidas pela atual cultura individualista e consumista.

Nas próprias palavras do então Cardeal Jorge Bergoglio, em sua intervenção antes do conclave: "A Igreja é chamada a sair de si mesma e ir para as periferias, não apenas geográficas, mas também as periferias existenciais: as do mistério do pecado, da dor, das injustiças, das ignorâncias e recusa religiosa, do pensamento, de toda miséria".

Ou ainda na mesma intervenção: "Quando a Igreja não sai de si mesma para evangelizar, torna-se autorreferencial, e, então, adoece. Ela quer Jesus Cristo dentro de si e não o deixa sair".

Uma Igreja que escuta a sociedade

A longa formação humana e intelectual, própria dos jesuítas, a preocupação da ordem em estar presente e atuante nos mais variados setores da cultura e da sociedade, a ampla diversidade de seus membros, o espírito crítico diante de situações herdadas, acabam por conferir ao empenho evangelizador da ordem certas *características próprias*, como o realismo, o equilíbrio, a empatia com o diferente, a sensibilidade pastoral, a compaixão diante do sofrimento, a reação no confronto com a injustiça, a criatividade quando necessária. E estas características atraem frequentemente problemas para seus responsáveis. A luta por adaptar os ritos litúrgicos à cultura local na China, a criação do território das missões na América Latina, a criatividade de Anchieta na evangelização dos índios, são apenas alguns exemplos do que afirmamos antes. Igualmente, no campo da reflexão, homens como Teilhard de Chardin, Henri de Lubac, Karl Rahner foram desbravadores nem sempre devidamente aceitos em seu tempo.

Hoje o trabalho nas fronteiras abrange o diálogo com o islamismo, a ajuda aos refugiados, a preocupação com a África e a presença na China, a evangelização numa cultura secularizada, a sensibilidade com as gritantes desigualdades sociais. Considerar as questões postas pela realidade em toda a sua amplitude e profundidade, conhecer e respeitar o ser humano em todas as suas dimensões, saber acolher inteligentemente os diversos contextos socioculturais, zelar pela qualidade de suas atividades, acabam por trazer um diferencial para a missão evangelizadora da ordem.

Deste quadro emergem diversas consequências para o pontificado de Francisco. A primeira delas é a de conhecer, respeitar e levar a sério o *ser humano concreto*, a quem se dirige a Igreja. Sendo ele, inevitavelmente, diverso, cabe à Igreja evitar um discurso universal, idealista, padronizado. Isso só se poderá realizar através da necessária e urgente inculturação da fé, retardada e obstaculizada nos últimos anos devido à excessiva centralização na Igreja.

Na mesma linha o Papa Francisco, consciente de que o ser humano concreto só existe dentro de um contexto sociocultural determinado, deverá zelar para que a linguagem da Igreja possa ser devidamente entendida por nossos contemporâneos das mais diversas regiões do planeta, sabendo renovar expressões e práticas na fidelidade à tradição da Igreja. Pensemos quão urgente se faz uma renovação na linguagem da liturgia! Unidade não significa uniformidade, pois a catolicidade abrange toda a riqueza do que é particular e local.

Consciente dos desafios postos por uma cultura emancipada e, muitas vezes, hostil à Igreja, vemos na melhor formação intelectual e humana do clero um objetivo a ser assumido neste pontificado. A carência intelectual acarreta um déficit pastoral ou um medo de se enfrentar com a sociedade, limitando o exercício sacerdotal preponderantemente ao culto. Esta formação teológica básica deverá também ser oferecida ao laicato atingido continuamente por outras versões da realidade próprias da sociedade pluralista, não mais podendo contar com o respaldo da sociedade cristã do passado.

Uma Igreja que promove a liberdade cristã

Desde a fundação da Companhia de Jesus, Santo Inácio deu grande importância à "lei interior da caridade e do amor, expressa e escrita pelo Espírito Santo nos corações". Naturalmente redigiu as constituições da ordem segundo prescrevia a Igreja, a razão e os exemplos dos santos. Mas, mesmo na confecção das normas dirigidas a todos os membros, teve o cuidado de primeiramente fazê-las passar por experiências concretas, antes de prescrevê-las como oficiais.

E boa parte destas regras abre ao superior a possibilidade de aplicá-las ou não, conforme lhe parecer mais conveniente. *Esta liberdade* provém da experiência adquirida pelo jesuíta na modalidade de retiro conhecida como "Exercícios espirituais". Neles não se aprende apenas a rezar (pedagogia da oração), a encontrar a vontade de Deus para cada indivíduo (retiro de opção), mas também a crescer em liberdade. Inácio insiste, desde o início do retiro, que devemos ser livres, "indiferentes" na linguagem da época, com relação a tudo o que não seja Deus, mesmo diante de coisas boas.

Na sequência das contemplações da vida de Jesus, algumas meditações originais buscam *fortalecer a liberdade* do cristão em retiro, apresentando de modo realista o que implica o seguimento de Cristo (Meditação do Reino de Deus), a passagem pela cruz à semelhança de Cristo (Duas bandeiras), o exame de nossa liberdade real (Três classes de homens). Através delas o cristão se liberta das ilusões que dizem respeito tanto ao Reino de Deus quanto a si próprio. Assim, ele sai do retiro mais livre para olhar a realidade evolvente, nela captar os apelos do Espírito e efetivar as opções requeridas por sua fé. Embora viva numa sociedade e numa Igreja necessariamente regidas por normas, costumes e regras, o cristão deve saber acolhê-las como *pessoa livre*, e mesmo relativizá-las quando pedir a sua fé, a exemplo de Jesus Cristo em sua vida terrena. Esta espiritualidade priva a pessoa do aconchego tranquilo da norma obedecida e a lança num contínuo discernimento ao longo da vida para buscar e encontrar o que dela quer o Espírito Santo naquele preciso momento. No fundo Santo Inácio aqui apenas expressa o ensinamento de Paulo: "Se vivemos pelo Espírito, procedamos também de acordo com o Espírito" (Gl 5,25) e "examinai tudo e guardai o que for bom" (1Ts 5,21).

Esta espiritualidade respeita a liberdade da pessoa em seu relacionamento com Deus, mas exige a devida formação e *maturidade espiritual e humana* para ser praticada. Daí a séria dificuldade de recomendá-la sem mais para todos na Igreja. Mas ela aponta para um traço da fé cristã que ficou silenciado na vida da Igreja: o cristão deve gozar da maioridade não só na família e na sociedade, mas também na Igreja. Isto significa primeiramente que a Igreja precisa lhe proporcionar *espaço livre* para que ele possa se expressar, manifestar como vive sua fé, as dificuldades que enfrenta, as insuficiências que experimenta da parte da instituição. Como ganharia a Igreja se escutasse mais seus membros! Conheceria, assim, melhor o que pensam e como vivem, e estaria assim capacitada a lhes proclamar mais adequadamente a mensagem evangélica. Também não exigiria uma obediência robotizada, concedendo ao fiel o campo necessário ao exercício de sua consciência, de sua liberdade no âmbito do que lhe foi prescrito.

A mediação salvífica da Igreja não deve acarretar a supressão de um relacionamento pessoal com Deus por parte de seus membros. Hoje, mais do que nunca, a fé significa uma *opção livre*, consciente do seu risco e do abandono a Deus que ela implica. No fundo o anúncio salvífico da Igreja constitui num apelo à liberdade do sujeito: Como deseja ele, numa sociedade pluralista e tolerante, escrever sua autobiografia? Daí a importância de lhe oferecer em sua profunda simplicidade a fascinante vida e mensagem de Jesus de Nazaré, e não tanto um pacote de doutrinas e de normas nem sempre bem compreendidas e menos ainda aceitas. São estes alguns desdobramentos da espiritualidade inaciana, importantes, mas de difícil concretização para a Igreja universal, conforme já mencionamos.

Uma Igreja voltada para os pobres

Santo Inácio de Loyola fundou a ordem dos jesuítas numa época de certa decadência na Igreja, expressa no teor de vida mundano de seus dignitários e do clero em geral. Em reação, ele irá insistir num estilo de vida sóbrio para seus seguidores, na experiência de se confiar a Deus (peregrinação sem recursos imposta a todo candidato à Companhia), no pregar em pobreza, na simplicidade funcional das casas, na experiência pessoal de cada um com os pobres e os necessitados. A busca de qualidade e de eficácia como características também próprias da ordem irá provocar contínuas *tensões* com o imperativo da pobreza, com a carência de recursos própria do trabalho com os mais desprovidos da sociedade, as quais deverão ser resolvidas por cada jesuíta através do discernimento pessoal da vontade de Deus. Fundamental é que os recursos se justifiquem como meios para o trabalho pastoral e não sejam utilizados em proveito próprio.

A crescente tomada de consciência dos últimos anos a respeito das causas que geraram as gritantes desigualdades sociais atuais, fruto de estruturas sociais e de ideologias de poder, já expressa nos pronunciamentos sociais do Magistério da Igreja, repercutiu na Companhia de Jesus ao determinar a *promoção da justiça* como um objetivo prioritário da ordem. Esta finalidade irá se concretizar em duas frentes. Primeiramente através de uma reflexão crítica realizada em centros sociais ou no ensino superior. Mas também através de uma proximidade maior com os mais pobres e excluídos da sociedade, partilhando sua vida difícil e seus anseios de libertação.

Ao enfrentarem governos ditatoriais, vários jesuítas sofreram perseguições e maus-tratos, sendo alguns deles simplesmente assassinados, como o Padre João Bosco no Brasil e os seis sacerdotes mártires da Nicarágua. Outros, ainda, como Dom Luciano Mendes de Almeida que juntamente com outros bispos latino-americanos fizeram da vida um serviço aos mais excluídos, nem sempre foram devidamente reconhecidos pelas autoridades romanas.

A simplicidade de vida do Cardeal de Buenos Aires é bastante conhecida e admirada por seus compatriotas: deixou o palácio episcopal e foi morar numa pequena casa, utilizava o transporte público para se locomover, dedicou sua atividade pastoral à população de menor renda, teve contínua proximidade com o mundo dos que contavam menos na sociedade. No violento período da ditadura militar, que tanto ensanguentou a Argentina, certamente teve seu espaço de ação muito reduzido, mas, segundo testemunhos que hoje se fazem ouvir, ajudou realmente a muitos no que pôde. É muito difícil para quem não viveu neste tempo de repressão violenta e de medo generalizado emitir um juízo sobre o comportamento adequado dos que lá estavam.

Devido à sua formação de jesuíta podemos certamente prever que o pontificado do Papa Francisco contribuirá para uma *Igreja mais simples*, mais próxima às pessoas, mais humilde, mais voltada para os pobres e marginalizados da sociedade, na fidelidade ao exemplo do Mestre de Nazaré. Mais uma vez o Espírito Santo teve presença atuante na Igreja ao fazer que fosse escolhido um papa do Terceiro Mundo, onde se encontra a maior parte dos católicos e onde se experimenta na carne os sofrimentos humanos resultantes da política hoje vigente, que prioriza o lucro e a produtividade e não a pessoa humana.

Os primeiros gestos e pronunciamentos do Papa Francisco já indicam claramente que o cuidado com os pobres será uma constante em seu magistério, contribuindo para que a Igreja se desfaça da pesada herança do passado, do poder em vez do serviço, do autoritarismo em vez da fraternidade, da centralização em vez da comunhão, da vaidade em vez da humildade, da solenidade em vez da simplicidade, da imposição em vez do diálogo, do falado em vez do vivido, das práticas religiosas em vez da opção de fé livre e pessoal. Compete a cada um de nós ajudá-lo nesta ingente tarefa que tem pela frente!

Uma Igreja que vive sua fé

A ação evangelizadora enquanto principal objetivo da ordem dos jesuítas não se ajustava à visão do século XVI que separava um tempo para a contemplação e outro para a atividade pastoral. Pois Santo Inácio não queria que a atividade apostólica da Companhia de Jesus fosse limitada pelo ofício divino no coro ou por horários especiais para oração ou meditação. Baseado em sua experiência pessoal, ele irá desenvolver uma *mística da ação* caracterizada por "buscar e encontrar a Deus em todas as coisas". Pressuposto para sua efetiva realização é a reta intenção de buscar a Deus e não a seus interesses nas atividades que empreende. Desse modo, a sintonia entre a vontade de Deus e a iniciativa da pessoa proporciona a esta última uma experiência peculiar de encontrar a Deus em meio as ocupações e os trabalhos exigidos pela própria missão. Esta experiência de Deus em meio à vida cotidiana reabastece o apóstolo sem exigir que sua atividade seja interrompida.

Esta mística da ação foi fundamental para uma ordem que queria marcar presença cristã em todos os âmbitos da sociedade e mesmo da realidade. Embora tenha aprendido uma teologia que marcava forte distinção entre setores reservados à ação salvífica de Deus (sobrenatural) distintos dos demais da vida cotidiana (natural), Inácio de Loyola, através de sua experiência pessoal, rompe esta separação que excluía a graça de Deus da vida concreta, reservando-a para atos religiosos. Pelo contrário: Deus pode ser encontrado em qualquer setor da realidade e da vida, desde que *meu olhar e minha atividade* sintonizem com sua vontade, a saber, que aconteçam "para a maior glória de Deus". Naturalmente este olhar e este agir cristão só se sustentarão se alimentados por momentos de silêncio e de meditação.

A Igreja em sua missão deve "reunir todo o universo em Cristo" (cf. Ef 1,10), fazer da humanidade uma só família dos filhos e filhas de Deus, constituir uma sociedade fraterna e justa que prenuncie a plenitude do Reino de Deus na outra vida. Desse modo, deve ela ter uma presença atuante em todos os rincões da vida humana, escutando, dialogando, evangelizando, transformando qualquer setor da realidade. Para que isto aconteça, devem seus membros viver a própria fé na realidade concreta da família, da profissão, da cultura, da cidadania política, do lazer. Viver o que vivem os demais, mas viver tais realidades *de modo cristão*. Só assim desaparece a funesta separação entre fé e vida, tão prejudicial para o cristianismo e para a sociedade. Só assim se desmascaram os católicos que reduzem sua fé a algumas práticas e devoções, sem que as mesmas modifiquem realmente sua vida concreta.

Sem dúvida alguma, esta característica da espiritualidade inaciana poderá levar o Papa Francisco a fomentar a presença e o respeito da Igreja pelo mundo das ciências, pelas outras religiões e culturas, pelas demais Igrejas cristãs, pelos marginalizados e esquecidos da sociedade, pelos que lutam pela sustentabilidade do planeta, pelos que contribuem para a paz e a justiça. Presença atuante não para dominar e exercer o poder, mas para conhecer, colaborar e cerrar fileiras com os que lutam pela mesma causa, pela humanidade querida por Deus. Boa parte desses prognósticos já foi realizada em sua ação pastoral como arcebispo de Buenos Aires, e deverá ter sequência em seu pontificado. Cabe a cada um de nós ajudá-lo nesta ingente tarefa.

Não devemos ter medo de ser cristãos e de viver como cristãos!

O BISPO DE ROMA

Eduardo Hoornaert

No primeiro sermão do Papa Francisco, pronunciado no dia 19 de março de 2013, aparecem algumas expressões que gostaria de comentar neste capítulo. Por duas vezes, ele se definiu como "bispo de Roma", mas ao mesmo tempo falou em "ministério petrino" e afirmou ser "sucessor de Pedro". Quando fez referência a Pedro, não se apoiou no texto de Mateus 16,19 ("tu és Pedro") como reza a tradição, mas no último capítulo do Evangelho de João, onde Jesus confia suas "ovelhas" aos cuidados de Pedro. Penso que esse "deslocamento" foi intencional. Num outro trecho do mesmo sermão, o papa declarou que a "rocha" da Igreja é Deus.

Estamos de novo diante de um deslocamento, pois se costuma dizer que a rocha da Igreja é Pedro. Será que o Papa Francisco está sugerindo algo com essas sutilezas? Será que ele nos convida a estudar melhor a história do papado e desse modo colaborar para uma reforma da Igreja Católica em profundidade?

Efetivamente, o governo central da Igreja Católica necessita ser repensado profundamente. Escrevo isto com muito respeito pelo papa e pelas estruturas da Igreja. Mas é patente que essas estruturas mal se adaptam ao mundo que emerge em nosso redor.

Redijo, assim, a seguir, as anotações históricas, no sentido de ajudar a remover ideias antigas, enraizadas na mente de muitos católicos, e que dificultam reformas mais profundas. Proponho que procedamos por pontos e digo de início: se encontrar algum termo histórico mais difícil, procure esclarecimento na *Wikipédia*, no *Google* ou em qualquer outro *site* da internet.

As primeiras imagens de Pedro

O Papa Francisco se referiu às palavras de Jesus dirigidas a Pedro no último capítulo do Evangelho de João: "cuide de minhas ovelhas!". Essas palavras costumam ser entendidas no sentido de que Jesus teria se dirigido a quem considerava ser o chefe de uma Igreja emergente, mas uma leitura cuidadosa do texto, em seu contexto, desfaz essa impressão. Quando consultamos os primeiros textos da literatura cristã em torno de Pedro, percebemos que entendem invariavelmente a ação do apóstolo dentro do que hoje chamaríamos de "pastoral da saúde".

Na época de Jesus, havia muitos doentes na Galileia, como demonstra o Evangelho de Marcos. As pessoas costumavam atribuir essas doenças à influência maléfica de demônios ou espíritos imundos. É por isso que os "agentes de saúde" que andavam pelos vilarejos cuidando dos doentes eram chamados "exorcistas". Eles "expulsavam demônios".

Como registra a história, a maioria desses exorcistas eram charlatães que se aproveitavam das misérias humanas para se exibirem e extorquirem dinheiro. O Evangelho de Marcos apresenta Jesus como um exorcista diferente, que não gostava de se exibir, que se emocionava profundamente diante das misérias humanas, que tratava as pessoas com carinho e cuidado. Daí seu imenso sucesso em toda a Galileia, e mesmo além.

Jesus curou muita gente e seu sucesso foi tão grande que ele teve de organizar equipes volantes de apóstolos para andar por aldeias e vilarejos e multiplicar o trabalho de curar, expulsar demônios e consolar. Os primeiros documentos cristãos mostram que Pedro aprendeu com Jesus a arte de cuidar de doentes e necessitados. Os Atos dos Apóstolos mostram que após a morte de seu mestre, Pedro se tornou um dos mais requisitados exorcistas da Palestina. Por onde andava, "os doentes se alinhavam nas praças para que pelo menos sua sombra passasse por eles" (At 5,15). Quando se compara o texto aqui citado dos Atos dos Apóstolos com o capítulo 6 do Evangelho de Marcos (vv. 55-56), dá para se perceber que a intenção do autor dos Atos era mostrar Pedro como um "novo Jesus". Em ambos os relatos aparecem as mesmas palavras: vilarejo, maca, praça etc. Pedro continua a tarefa de Jesus, não no sentido de chefiar uma pretensa "Igreja" (unificada?), mas sim de continuar o trabalho junto às populações necessitadas.

Eis o que aparece repetidamente em textos do século II, como na Segunda Carta de Pedro (escrita por um discípulo do apóstolo), no Apocalipse de Pedro e nos Atos de Pedro (sendo os dois últimos textos apócrifos). Autores importantes da época, como Justino, Ireneu, e mais tarde Tertuliano, também exaltaram Pedro como exorcista. Pedro era invariavelmente apresentado como exorcista. Mesmo o historiador Eusébio de Cesareia, no século IV, apresentou Pedro como exorcista. Isso pode, inclusive, ser verificado no *Google* (Eusébio de Cesareia, História Eclesiástica, 2, 14, 6) ou consultando a página 91, volume 15, da *Patrística* (Editora Paulus, 2000). Aí Eusébio escreve que Pedro viajou a Roma para combater o exorcista Simão, um samaritano que fazia muitos milagres e enganava muita gente. Outro detalhe interessante: na mesma *História eclesiástica*, um pouco adiante (2, 25, 4-5), pode-se ler que Tertuliano, um autor do início do século III, escreveu que muita gente viajava a Roma para venerar os túmulos de Pedro e Paulo. Essas pessoas não iam ver o papa, mas visitar os lugares onde, segundo a tradição, os dois principais apóstolos teriam sido martirizados.

Não pense que Pedro foi o único exorcista da escola de Jesus que teve sucesso. A história nos revela alguns outros nomes: os sete filhos do sumo sacerdote Ceva (At 19,13-15), Jacó de Quifas Secania (que curou um rabino em nome de Jesus), Eleazar e, finalmente, o exorcista anônimo que aparece em Marcos 9,38.

Este último texto é muito importante para se entender como Jesus se posicionava diante dessa proliferação de exorcistas, que pretendiam agir em seu nome. Quando os apóstolos reclamaram a Jesus que havia outros exorcistas atuando em seu nome, ele reagiu de forma inesperada: "deixem que eles também trabalhem. Quem não está contra nós, trabalha em nosso favor" (Mc 9,38-40). Penso que a ideia de Jesus foi a seguinte: quanto mais gente se empenhasse em cuidar da saúde das pessoas, tanto melhor. Jesus não queria ser exaltado, queria o bem-estar do povo. Da mesma forma Pedro.

Pedro em Roma

Neste segundo ponto trago informações acerca de uma pergunta frequente: Será que Pedro efetivamente esteve em Roma? E, se esteve, foi na qualidade de chefe da Igreja? O bispo Eusébio de Cesareia (que citei antes) escreveu, no segundo livro de sua *História eclesiástica* (14, 6), que Pedro viajou a Roma no início do reinado de Cláudio, ou seja, por volta do ano 44. Quando comparamos essa informação (proveniente do século IV) com os escritos do Novo Testamento (do século I), chegamos a um impasse. Nos Atos dos apóstolos (12,17) está escrito que Pedro, em 43, saiu de Jerusalém e "foi para outro lugar", sem especificar qual seria. Os mesmos Atos relatam que Pedro está em Jerusalém no ano 49, por ocasião da visita de Paulo. Não se informa por onde Pedro andou entre 43 e 49. O mais provável é que ele tenha ido à Samaria como exorcista, pois os Atos relatam sua disputa com o exorcista Simão Mago (citado antes), que na época atuava na Samaria. Enfim, as datas propostas por Eusébio não combinam com o que os Atos dos Apóstolos relatam.

Hoje reina entre os historiadores uma grande desconfiança sobre Eusébio de Cesareia, pelo fato de que este se mostrava totalmente envolvido no projeto imperial de Constantino, que consistia no enquadramento do cristianismo dentro da organização sacerdotal do Império Romano. Para fundamentar essa política, Eusébio redigiu, nos capítulos 4 a 7 de sua *História eclesiástica*, listas de sucessivos bispos para as principais cidades do Império Romano. Os historiadores estão de acordo, hoje, em afirmar que ele inventou muitos nomes de bispos, para poder preencher sua lista. Assim, ele escreve, por exemplo, que Clemente foi "o terceiro bispo de Roma", depois de Lino e Anacleto. Conhecemos Clemente Romano por suas cartas, mas nada sabemos acerca de Lino e Anacleto. Ninguém sabe de onde Eusébio tirou esses nomes, trezentos anos após os acontecimentos. O bispo de Cesareia projeta a imagem da Igreja no século IV sobre o passado e nisso comete um anacronismo (erro recorrente na historiografia). É dele a ideia de se aplicar ao movimento cristão a estrutura das dioceses, repartições territoriais típicas da administração romana.

Concluindo, podemos dizer que não há base histórica segura para a afirmação de que Pedro tenha estado em Roma. Com isso, cai por terra um dos principais fundamentos do que se costuma dizer a respeito do papado. Mas, já que a crença de Pedro em Roma se enraizou profundamente na mente dos católicos, o papa Pio XII mandou, em 1956, executar escavações num cemitério antigo, descoberto sob uma garagem em construção no Vaticano. Nesse cemitério estavam enterradas pessoas pobres, escravos e libertos até os séculos IV e V. O papa esperou encontrar aí sinais do túmulo de Pedro, mas as obras foram suspensas por falta de evidências (ver maiores informações a esse respeito nas notas, no final do capítulo).

"Tu és Pedro"

Hoje, as palavras "tu és Pedro e sobre esta pedra construirei minha Igreja" figuram em enormes letras no interior da cúpula da basílica de São Pedro, em Roma. Mas essas palavras não estão só gravadas na pedra, mas também na mente de muitos católicos. O que podemos dizer? Sabemos que essa frase é retirada de um trecho do Evangelho de Mateus, capítulo 16, versos 16 a 19, mas nem sempre prestamos a devida atenção ao contexto dos quatro versos em que a afirmação de Jesus se encaixa. Hoje, os exegetas são severos nesse ponto: não se pode ler um texto sem considerar seu devido contexto. Ora, quem ler os quatro versos em conjunto, vai perceber sem dificuldade que se trata de um elogio de Jesus dirigido a Pedro. Quando Pedro diz "Jesus, você é o ungido de Deus", ele expressa sua admiração diante de um profeta diferente, que não fala sempre em pecados e calamidades, como faz a maioria dos profetas.

Efetivamente, muitos profetas do Antigo Testamento ameaçavam e intimidavam as pessoas falando da ira de Deus por causa dos pecados e da necessidade de penitência. Pedro enxerga em Jesus um profeta que não ameaça nem condena, mas aponta o Reino de Deus, a graça, a misericórdia, o perdão. E pensa: "ele deve ser mais que um profeta, deve ser o tão esperado ungido de Deus". É como se ele dissesse a Jesus: "tudo que você faz e diz é direcionado para o bem das pessoas". E Jesus replica: "Pedro, você é como uma pedra, tão segura é sua palavra. Se todos entendessem o que você diz aqui, estaríamos bem seguros, consolidados sobre uma rocha. Você, Pedro, capta minhas intuições". Em outras palavras: Jesus elogia Pedro por expressar de forma tão feliz a novidade que ele traz. Eis como podemos ler Mateus 16,16-19 "em contexto".

Mas, com o correr dos tempos, o verso 18 ficou isolado de seu contexto e se tornou um argumento a favor do primado de Pedro. Se consultarmos mais uma vez Eusébio de Cesareia, veremos que ele isolou o verso 18 de seu contexto (os vv. 16 a 19) e, desse modo, conseguiu dar um significado eclesiástico às palavras de Jesus. Estamos diante de mais um anacronismo. Hoje, somos obrigados a criticar severamente Eusébio e os que leem o Evangelho do mesmo modo. Como escrevi anteriormente, a exegese atual é taxativa em afirmar que não se pode isolar um texto de seu conjunto literário e transformá-lo em oráculo. Quem lê os Evangelhos em contexto não imagina que Jesus tenha planejado uma dinastia apostólica de caráter corporativo, baseada em sucessão de poderes.

A palavra "papa"

De onde vem a palavra "papa" (ou pope)? Ela pertence ao grego popular do século III e é um termo derivado da palavra grega *patèr* (pai). Uma palavra que expressa o carinho que os cristãos tinham por determinados bispos ou sacerdotes. O termo penetrou no vocabulário cristão, tanto da Igreja ortodoxa como da católica. No interior da Rússia, até hoje, o pastor da comunidade é chamado "pope". A história conta que o primeiro bispo a ser chamado "papa" foi Cipriano, bispo de Cartago entre 248 e 258, que deve ter sido um bispo amado pelo povo. Outra curiosidade: o termo "papa" só apareceu tardiamente em Roma, de modo que o primeiro bispo dessa cidade a receber oficialmente o nome "papa" (segundo a documentação disponível) é João I, no século VI.

A história do termo "papa" me leva a um tema que considero de grande importância para a compreensão do papado. Muita coisa existente no catolicismo tem raiz na religião do povo. Não se tem dado entre nós a devida atenção à religião popular na construção do cristianismo. Isso provém em parte do fato de que até pouco tempo atrás a historiografia cristã estava principalmente baseada no estudo de fontes escritas. Ora, essas fontes praticamente nunca abordam a religião do povo. Isso, aliás, é uma regra geral: intelectuais não costumam mostrar interesse pelo que se passa no meio do povo comum e anônimo. A "plebe" não retém a atenção de filósofos como Platão, Aristóteles, Cícero ou Sêneca, ou de intelectuais proeminentes como Galeno, Plotino ou Marco Aurélio. Nem mesmo autores cristãos como Justino, Ireneu, Tertuliano, Cipriano, Clemente de Alexandria ou Orígenes descreveram o que se passava entre cristãos comuns. Afinal, eles também pertenciam à elite letrada.

Mas, hoje, esse quadro está mudando, principalmente por causa de ciências que nos revelam a vida vivida em tempos remotos: a arqueologia, a iconografia, o estudo da arte cristã, o estudo da liturgia. A arte cristã mostra que praticamente tudo que se conta sobre Pedro provém da religião popular. Na época da construção das primeiras basílicas cristãs (segunda parte do século IV), artistas foram convidados a cobrir as paredes com mosaicos que retratassem cenas relativas aos Evangelhos e à vida da Igreja. Assim, aparecem naquelas paredes as mais variadas imagens de Pedro: crucificado de cabeça para baixo, com as chaves na mão, como pescador, segurando na mão direita a maquete de alguma nova Igreja, revestido de vestes sacerdotais romanas (alba, estola, manípulo), com a tiara persa ou a mitra mesopotâmica (da liturgia do deus Mitra) na cabeça, com seu barco (que nunca afunda), sua rede (que pesca homens), seu selo, sua cátedra (a Santa Sé).

No entanto, a imagem que aparece com mais frequência é a do túmulo de Pedro, ao lado do túmulo de Paulo. Efetivamente, para o povo, o papa é o guardião dos túmulos de Pedro e Paulo. As pessoas não se importam com a questão da "sucessão apostólica" (uma ideia de Eusébio) e da constituição da hierarquia, elas veneram os heróis da fé cristã. Uma tradição romana muito antiga reza que Pedro foi martirizado no monte Vaticano e Paulo "fora dos muros". Desde cedo se registram "romarias" aos túmulos dos apóstolos-mártires Pedro e Paulo (em latim: *ad limina apostolorum*).

Mesmo sem documentação que provasse a veracidade da presença de Pedro e Paulo em Roma, as histórias sobre ambos proliferam em Roma. Já no século II, ir a Roma significava visitar os túmulos sagrados, como comprovam os escritos de Justino e Inácio de Antioquia. A "romaria" (viagem aos túmulos de Pedro e Paulo) constituiu uma página importante da história do cristianismo.

Para os bispos, não é fácil aceitar a predominância da religião popular na formação do cristianismo, mas não há como fugir da evidência. O povo não só sustenta financeiramente a hierarquia (de uma ou outra forma), mas é ele que confere prestígio e honorabilidade a bispos e papas. Afinal, o que seria do papa se ninguém mais saísse de casa para vê-lo e aclamá-lo?

Acrescento aqui um detalhe interessante. A escolha do nome Francisco pelo novo papa constitui um caso típico do que se pode chamar de "religiosidade papal". Pois os papas também têm sua religiosidade. Até agora, nenhum papa se atreveu a adotar o nome Pedro. Só tardiamente, no século VI, um papa ousou adotar o nome João. No século VIII, veio o primeiro Paulo. Há um pudor em se atribuir um nome que traz à lembrança uma pessoa que viveu tão próxima de Jesus. A escolha do nome Francisco é particularmente feliz, pois traz o simbolismo do cuidado com pobres e doentes, mas também com a ecologia.

Papado ou episcopado?

Assinalei anteriormente que o Papa Francisco, em seu primeiro sermão, chamou a si mesmo de "bispo de Roma". O que significa isso? Ele lembrou que a primeira instituição do cristianismo é o episcopado, e não o papado. Efetivamente, a instituição episcopal deita raízes sólidas na origem do cristianismo, pois se refere a uma função já existente no sistema sinagogal judeu, antes de Jesus. A palavra "bispo" (que significa "supervisor") é encontrada diversas vezes nos textos do Novo Testamento (1Tm 3,2; Tt 1,7; 1Pd 2,25 e At 20,29), onde aparece igualmente o substantivo "episcopado" (1Tm 3,1). Nas sinagogas judaicas, o "epíscopo" era responsável pela boa ordem nas reuniões, e as primeiras comunidades cristãs nada mais fizeram que adaptar as funções. O episcopado registra, ao longo dos séculos, páginas luminosas de vida evangélica e lutas contra a supremacia papal, que hoje deságuam no combate em prol da colegialidade episcopal (uma ideia do Concílio Vaticano II). Trata-se de fortalecer o poder dos bispos e limitar o poder do papa. Mas essa luta não registrou, nos últimos tempos, avanços consideráveis, principalmente pela reação dos Papas João Paulo II e Bento XVI.

A luta entre os patriarcas do Oriente

Pode-se dizer que o papado emerge de uma contenda histórica entre bispos. A partir do século III, os bispos das quatro principais metrópoles do Império Romano (Constantinopla, Alexandria, Antioquia e Roma) começaram a rivalizar e hostilizar entre si para ver quem conquistaria o poder sobre um movimento cristão em plena expansão. Essa luta foi particularmente dramática na parte oriental do império, onde se falava a língua grega. Os bispos em litígio passaram a ser chamados "patriarcas". Esse termo acopla o *pater* grego com o poder político (*archè*, em grego, significa "poder"), o que significa que o patriarca é ao mesmo tempo pai e líder político. Nos inícios, Roma participou pouco dessa disputa, por ficar longe dos grandes centros do poder da época e usar uma língua menos universal (apenas usada na administração e no exército do sistema imperial romano), o latim. Por sua vez, Jerusalém, cidade "matriz" do movimento cristão, ficou fora do páreo por ser uma cidade de pouca importância política.

Em 330, Constantinopla se autoproclamou a "segunda Roma", um título que os bispos aceitaram em 381, por ocasião do concílio de Constantinopla. Doravante, o poder divino (pretensamente exercido por Pedro) atuava na "nova Roma", ou seja, em Constantinopla. Fortalecidos por esse consenso, os patriarcas de Constantinopla se intrometeram sempre mais em assuntos internos das demais Igrejas, um processo que culminou em Calcedônia (451), quando Constantinopla teve a ousadia de nomear bispos para Antioquia e Alexandria. E esse exemplo foi seguido pelos séculos afora, e ainda fez sucesso no século XVI, quando o patriarca Jeremias II Tranos, de Constantinopla, viajou à Rússia (1589) e, impressionado pelo vigor do cristianismo naquele país, elevou Moscou à dignidade de "terceira Roma". Prontamente, a cidade se tornou centro de peregrinação, ao lado de Roma e de Constantinopla. Na mesma época em que francos e germânicos viajavam para Roma; sírios, egípcios e gregos peregrinavam em Constantinopla; e eslavos e russos faziam sua "romaria" para Moscou.

A rivalidade entre Roma, Constantinopla e Moscou perdura até hoje. A identificação entre o Império Romano, sua memória, símbolos, ritos, vestes e cerimônias e os impérios bizantino, carolíngio, russo e católico, é algo que salta à vista de quem se aprofundar na história.

No Ocidente, Roma também busca o poder

Neste parágrafo entro em pormenores, pois se trata de compreender que o papado não "caiu do céu" nem proveio diretamente de Jesus, mas é resultado de uma longa contenda repleta de manobras, jogos, enganos e domínios.

Sendo a cidade mais importante do lado ocidental do império, Roma não deixou, desde cedo, de tentar exercer poder sobre os demais episcopados. No século III, o bispo Cipriano, de Cartago, reagiu com energia diante das pretensões hegemônicas do bispo de Roma e repetiu que entre os bispos haveria de reinar uma "completa igualdade de funções e poder". O patriarca de Roma foi o "primeiro entre iguais" (*primus inter pares*), merecia respeito, mas não obediência. Mas a história progrediu inexoravelmente. Com tenacidade, os sucessivos patriarcas de Roma ampliaram sua ascendência sobre as demais Igrejas do Ocidente. É uma longa história, da qual aponto aqui apenas alguns momentos marcantes. Não é difícil encontrar exposições mais detalhadas na literatura especializada.

• Até o final do século III, o papado não interferia em decisões feitas por reuniões de bispos, livres e soberanas. Mas, apesar do firme posicionamento de Cipriano, já se anunciavam problemas no horizonte.

• Na primeira parte do século IV, os bispos locais mantinham sua independência diante de Roma, sem deixar de manifestar respeito para com o patriarca de Roma. Assim, nas reuniões episcopais de Arles (314), Niceia (325) e Sárdico (342), quando havia um litígio, o bispo de Roma era apenas notificado, nada mais. Patriarcas como Silvestre e Libério não interferiam em decisões episcopais (concílios).

• As coisas começaram a mudar na segunda parte do século IV. Os patriarcas romanos Damásio (366-384) e Sirico (384-399) eram destemidos e atribuíram a Pedro (e seus sucessores) títulos da nomenclatura religiosa romana, como "sumo pontífice", "príncipe (dos apóstolos)", "vigário (de Cristo)". Bispos como Basílio e Ambrósio reagiram diante das manobras romanas. Mesmo assim os patriarcas romanos avançavam em busca de controle sobre os bispos.

• Sob Inocêncio I, no início do século V, o processo da romanização da Igreja cristã no Ocidente avançou sempre mais. Inocêncio interveio sistematicamente nos assuntos de Igrejas locais na Gália, Espanha e Ilíria, exigiu relatórios e reservou para si a decisão final.

Quando as reuniões episcopais de Cartago e Mileve (hoje Algéria) tratavam de questões de fé (estamos na época de Agostinho), ele mandava dizer que um caso só se resolvia após passar por Roma. Celestino I seguiu o mesmo caminho e resolveu soberanamente o caso de Nestório (de Alexandria). Ele delegou Cirilo de Alexandria ao concílio de Éfeso (431) e, mais uma vez, bispos e teólogos reagiram. Agostinho não concordou com a postura de Roma, embora seja dito que ele é o autor da frase "Roma falou, a discussão terminou" (*Roma locuta, causa finita*). Agostinho seguiu a tradição que rezava que a autoridade romana tinha de respeitar a soberania dos concílios episcopais. Para ele, o primado do bispo de Roma era apenas honorário (como dizia Cipriano).

• O processo da centralização romana se intensificou com Leão I, que criou uma mística petrina e toda uma mitologia em torno da imagem de Pedro. Ele teve a ousadia de afirmar que a "plenitude de seu poder" (*plenitudo potestatis*), provinha diretamente de Cristo. O "vigário de Cristo era o "príncipe dos apóstolos", não era mais o "primeiro entre pares" (Cipriano), nem uma autoridade "honorária" (Agostinho). Nos concílios da Espanha, da Itália do Norte e da África do Norte, Leão agiu como chefe absoluto e interveio nos mínimos detalhes, mesmo no Oriente. Na luta contra as heresias do tempo, ele desprezou a intervenção do patriarca de Alexandria e mandou seus próprios legados, transmitiu ordens aos padres reunidos em Calcedônia e declarou nulas as decisões que não lhe agradavam. Essa postura mandante impressionou os contemporâneos. A correspondência de Leão foi cuidadosamente conservada e até hoje constitui a base da teoria papal.

• A vitória definitiva do papado veio com Gregório Magno, que criou em Lérins, na atual França, uma escola de "aristocratas episcopais" para estabelecer a organização eclesiástica no sul da Gália. Intelectual de renome, Gregório iniciou os tempos da glória romana. Sua figura pode ser arrolada ao lado de outros expoentes da "aristocracia episcopal", como Ambrósio, protagonista da supremacia da Igreja sobre o Estado; Agostinho, ao mesmo tempo "pai da inquisição" e genial teólogo; João Crisóstomo, orador de renome, e Cirilo de Alexandria, fundador da tradição teológica grega.

• O caminho está pavimentado. Após a bem-sucedida aliança com o emergente poder germânico no Ocidente (Carlos Magno, 800), os patriarcas romanos sempre mais elevaram o tom de voz e, por conseguinte, as relações com os patriarcas orientais se tornaram sempre mais tensas. O cisma de 1054 veio concluir uma evolução de séculos. Rompeu-se a unidade do corpo cristão, e dois caminhos se abriram: o grego-ortodoxo e o latino-católico.

Tracei esse longo percurso para demonstrar que o papado é uma criação histórica que, a rigor, não pertence ao âmago do catolicismo.

Roma no auge do poder

Aí, no século XI, começou a história da Igreja Católica Apostólica Romana propriamente dita. O papa se fez rodear por um senado de cardeais e iniciou uma história de sucesso, principalmente baseada na diplomacia, na famosa "arte da corte" que Roma aprendera com Constantinopla (ver os livros de Norbert Elias). Ao longo dos séculos, praticamente todos os governos da Europa ocidental aprenderam a "arte romana". A bem dizer, a diplomacia é uma arte eficaz, mas nada edificante. Inclui hipocrisia, aparência, habilidade em lidar com o povo, impunidade, sigilo, mentira, linguagem codificada (inacessível aos fiéis), palavras piedosas (e enganosas), crueldade encoberta de caridade, acumulação financeira, indulgências, ameaça do inferno, pastoral do medo etc. Sem armas, Roma enfrentou com sucesso os maiores poderes do Ocidente (Canossa 1077). Como resultado, foi afetada, no dizer do historiador inglês Toynbee, pela "embriaguez da vitória". O papa perdeu contato com a realidade do mundo e passou a viver num universo irreal, repleto de palavras sobrenaturais (que ninguém entende). Um pássaro preso numa gaiola dourada.

A política papal no século XX

Com o advento da modernidade, o papado perdeu paulatinamente espaço público. No século XIX, principalmente durante o longo pontificado de Pio IX, a antiga estratégia de se opor aos "poderes deste mundo" não funcionou mais. Não trouxe mais vitórias, registrando apenas derrotas. É o que compreendeu o Papa Leão XIII, que resolveu mudar a estratégia e iniciou uma política de apoio aos mais fortes, uma estratégia que funcionou durante todo o século XX. Bento XV saiu da Primeira Guerra Mundial ao lado dos vitoriosos; Pio XI apoiou Mussolini, Hitler e Franco, enquanto Pio XII praticou a política do silêncio diante dos crimes contra a humanidade perpetrados durante a Segunda Guerra Mundial, à custa de incontáveis vidas humanas. Após uma breve interrupção com João XXIII, a política de apoio silencioso aos ganhadores (e de palavras genéricas de consolo aos perdedores) prosseguiu até os nossos dias.

Sei que esta análise é dura e dói na alma dos católicos, mas é necessária para que entendamos que o problema não é o papa, mas o papado enquanto instituição histórica. É verdade que o século XX é marcado por regimes particularmente violentos, transgressores dos direitos humanos, tanto na Europa como aqui na América Latina, mas não podemos esquecer que aqui tivemos, nos últimos tempos, além de bispos mártires como Romero (El Salvador) e Angelelli (Argentina), uma geração de bispos que se opuseram bravamente à repressão política, entre os anos 1960 e os anos 1990. Particularmente no Brasil tivemos bispos corajosos.

A história mostra que os sistemas mais autoritários, como os de Hitler e Mussolini, recuaram quando a Igreja Católica se posicionou em contrário. Quantas vidas humanas poderiam ter sido salvas se

Pio XI e Pio XII tivessem tido a coragem de se opor às ditaduras de seu tempo. Mas, pelo menos até o presente momento, não vejo em Roma sinais concretos de compromisso resoluto ao lado da humanidade sofredora, como fazia Jesus.

O problema não é o papa, mas o papado

Estamos de acordo: o papa merece todo o respeito na qualidade de bispo de Roma. O "primeiro entre pares", como dizia o bispo Cipriano no século III. Não precisa ser chefe de Estado nem necessariamente viver em Roma (ver adiante uma nota sobre Roma como símbolo do mito eurocêntrico) e, principalmente, não tem de se reservar a última palavra dentro da Igreja.

Alguns perguntam: "Mas pode a Igreja Católica subsistir sem papa?". É como perguntar: "Pode a França subsistir sem rei, a Inglaterra sem rainha, a Rússia sem czar, o Irã sem aiatolá?". A própria história fornece a resposta. A França não se acabou com a destituição do Rei Luís XVI, e penso que o Irã não se acabará com o fim do reino dos aiatolás. O surgimento do luteranismo e do anglicanismo, no século XVI, comprovou que o cristianismo pode subsistir sem papa. Pois não se trata de mudar a Igreja, mas de desatar os nós colocados por papas como Damásio (século IV), Leão I (século VI), Gregório Magno (século VII), Inocêncio III (século XII) e outros; significa a desconstrução de esquemas autoritários e reconstrução democrática, um processo em curso no mundo de hoje. Haverá certamente resiliências e saudosismos, tentativas de volta ao passado, mas instituições não costumam desaparecer com mudanças de governo. Cedo ou tarde, a Igreja Católica terá de enfrentar a questão da superação do papado, tal qual existe hoje, por uma forma de governo central mais condizente com o mundo em que vivemos. O problema não está na palavra "papa", mas na maneira como funciona essa palavra dentro do imaginário católico.

Termino trazendo aqui dois exemplos recentes em torno dessa problemática. Poucas pessoas sabem que, nos idos de 1980, o Cardeal Aloísio Lorscheider chegou a discutir com o Papa João Paulo II sobre a descentralização do poder na Igreja. Não existe registro escrito ou fotografado dessa discussão, mas parece que o papa se mostrou aberto às colocações do cardeal brasileiro, conforme consta na sua encíclica *Ut unum sint*. Quem quiser saber mais sobre isso, pode consultar um dos últimos trabalhos de José Comblin, na internet, intitulado: "Problemas de governo na Igreja".

Parece que o papa só não avançou na direção apontada pelo Cardeal Lorscheider porque não sentia, entre os católicos, suficiente ressonância para poder mexer com um tema tão delicado. É por isso que é tão importante que leigos entrem em campo e façam pressão. Não se pode pensar que a hierarquia esteja disposta a proceder a uma reforma em profundidade de sua própria instituição. Enfim, a discussão entre o Cardeal Lorscheider e o Papa João Paulo II mostra que o problema não é o papa (João Paulo II se mostrou aberto), mas o papado.

Um exemplo bem diferente, mas que aponta na mesma direção, é dado por outro bispo brasileiro, Helder Camara. Chegando a Roma para participar do Concílio Vaticano II, o bispo brasileiro, uma pessoa intuitiva e sensível, estranhou os comportamentos na corte romana, a ponto de ter alucinações, como conta em suas cartas circulares (em vias de publicação pelo governo estadual de Pernambuco). Certa vez, por ocasião de uma sessão na basílica de São Pedro, ele teve a impressão de ver o imperador Constantino invadir a Igreja montado num garboso cavalo a pleno galope. Outra vez, ele sonhou que o papa ficou louco, jogou sua tiara no Tibre e ateou fogo no Vaticano. Ele dizia em conversas informais que o papa faria bem em vender o Vaticano à Unesco e alugar um apartamento no centro de Roma.

Pude verificar pessoalmente, em diversas ocasiões, que Dom Helder detestava o "sigilo papal" (um dos instrumentos do poder romano). Ao mesmo tempo, o bispo brasileiro mantinha amizade com o Papa Paulo VI, o que mostra mais uma vez que o problema não é o papa, mas o papado enquanto instituição.

Notas

A respeito das pesquisas arqueológicas em busca do túmulo de Pedro em Roma, consultar a *Revue d' Histoire Écclésiastique*, Universidade de Lovaina, 1976, pp. 109-111, com comentário de um livro de Väänänen sobre o assunto.

Sobre Roma como símbolo do mito eurocêntrico, ver o artigo referente na *Revue d' Histoire Écclésiastique*, Universidade de Lovaina, 1985, p. 134.

Sede pastores,
e não funcionários;
sede mediadores,
e não intermediários.

*Que o Cristo ressuscitado guie a todos vós
e à humanidade inteira pelos caminhos
da justiça, do amor e da paz.*

PROSPECTIVAS:
DE NOVO A PRIMAVERA

FRANCISCO: NOME NOVO, PROGRAMA IMPOSSÍVEL?

Paulo Suess

Receberás um nome novo,
que a boca de Iahweh enunciará (Is 62,2).

Quem tem ouvidos,
ouça o que o Espírito diz às igrejas.
Ao vencedor darei do maná escondido
e lhe entregarei uma pedra branca e,
gravado sobre ela, um nome novo,
que ninguém conhece senão aquele que o
recebe" (Ap 2,17).

Naquela noite, 13 de março de 2013, parecia que um membro da Sociedade dos Missionários da África – que veste batina branca – surgia no balcão central da Catedral de São Pedro. Saudou o povo, como no início de uma missa campal, com um amável: "Buona sera". E a "multidão imensa, que ninguém podia contar, gente de todas as nações, tribos, povos e línguas!" (Ap 7,9), respondeu: "Buona sera", e se perguntou: "Este, que está vestido com túnica branca, quem é e de onde veio"? (cf. Ap 7,13). Havia algo misterioso no ar.

"Sou Jorge, não da Capadócia, mas 'do fim do mundo'. Sou Jorge Mario Bergoglio, dos Pampas argentinos, e nesta noite recebi do Senhor Jesus uma 'pedra branca' e gravada sobre ela meu 'nome novo'". E todos se perguntavam: "Qual será esse nome novo? Será Bento XVII, Paulo VII ou João XXIV (não pode!)?". Assim cochichavam na Praça de São Pedro, até quando a voz afável de Jorge Mario respondeu: "Francisco... foi o nome escrito na pedra branca". Bingo! Bravo! Bergoglio! Lá estava ele, sem genealogia, Francisco Zero, pastor sem doutorado em Teologia, pedindo a bênção do povo.

|

Hoje se sabe que no conclave de 2005, que elegeu Joseph Ratzinger sucessor de João Paulo II, já na segunda votação Jorge Mario Bergoglio alcançou em torno de 40 votos. Entre os 115 eleitores presentes, nesse conclave – com exceção de três, todos escolhidos por João Paulo II e, praticamente, a metade europeia – havia um sentimento de lealdade para com o papa falecido. Aliás, nesse último conclave de 12/13 de março, com um número igual de votantes presentes em 2005, a desproporção entre europeus (60) e o resto do mundo (55) aumentou.

Sobre os escândalos que se deram no longo pontificado de João Paulo II, de 27 anos, o Cardeal Angelo Sodano, 16 anos secretário de Estado do Vaticano, conseguiu impor um manto de silêncio oficial. A gratidão com o papa falecido e a comoção popular, suscitada pela mídia, na hora de sua morte, transformaram-se em vontade de continuar nessa mesma linha. Quem seria o mais apto para essa tarefa, senão Joseph Ratzinger, o teólogo do papa falecido? O grupo que apoiava a eleição de Bergoglio se dava conta de que não alcançaria muito mais do que 40 votos e Bergoglio, despreocupado com sua eleição, pediu para transferir seus votos a Ratzinger.

Segundo Francesca Ambrogetti e Sergio Rubin, autores do livro *El Jesuita. Conversaciones con el cardenal Jorge Bergoglio, sj* (Buenos Aires, 2010), o conclave de 2005 e a votação expressiva que Bergoglio recebeu já eram resultado de sua atuação em eventos eclesiais precedentes que tinham transformado o cardeal portenho em papável.

Um destes eventos foi o Sínodo dos Bispos, que se reuniu de 30 de setembro a 27 de outubro de 2001, em sua X Assembleia Geral Ordinária que teve por tema "O bispo, servidor do Evangelho de Jesus Cristo para a esperança do mundo". O relator-geral, o Cardeal Edward Egan, arcebispo de Nova York, teve que se ausentar do sínodo para participar de um ato comemorativo às vítimas do atentado às Torres Gêmeas. Neste momento, o relator-geral adjunto, Cardeal Bergoglio, teve que substituir Edward Egan. Bergoglio logo impressionou os padres sinodais com sua capacidade de harmonizar a multiplicidade das intervenções.

No dia 12 de outubro, em um de seus relatórios sucintos, ele resumiu um tema nevrálgico do sínodo que versava sobre a pobreza do bispo, com simplicidade perspicaz: "Um dos aspectos mais marcados pelos padres sinodais em relação à santidade do bispo é a sua pobreza. Homem de coração pobre, ele é imagem de Cristo pobre, imita Cristo pobre, sendo pobre com um discernimento profundo. A sua simplicidade e austeridade de vida lhe conferem uma completa liberdade em Deus. O Santo Padre nos convidava a fazer um exame de consciência 'sobre a nossa atitude em relação aos bens terrenos e acerca do uso que deles se faz (…), para verificar em que ponto está na Igreja a conversão pessoal e comunitária a uma efetiva pobreza evangélica (...), a ser pobres a serviço do Evangelho' (João Paulo II, homilia por ocasião da missa de abertura da X Assembleia Geral Ordinária do Sínodo dos Bispos). Com estas últimas expressões, João

Paulo II nos recorda que se trata de buscar aquele radicalismo evangélico pelo qual bem-aventurado é quem se faz pobre em vista do Reino, para se colocar no seguimento de Jesus-pobre, para viver na comunhão com os irmãos segundo o modelo da forma apostólica de viver, testemunhada no livro dos Atos dos Apóstolos". O leitor atento percebe que o Cardeal Jorge não só resumiu burocraticamente as intervenções dos sinodais, mas inseriu nelas algo de sua própria visão e prática pastoral.

II

Na V Conferência Geral do Episcopado Latino-Americano e do Caribe, em 2007, em Aparecida, Bergoglio, já presidente da Conferência Episcopal Argentina e conhecido como relator competente, foi eleito presidente da comissão estratégica de redação do documento final. Em 2011, quando ele – já com 75 anos de idade – devolveu a presidência do episcopado argentino, deu uma longa entrevista à Agência Informativa Católica Argentina (Aica).

Nessa entrevista falou de Aparecida, da pastoral urbana e do papel dos leigos. Considerou o Documento de Aparecida, com todas as luzes e sombras que no decorrer da Conferência se mostraram, "um chamado à criatividade [...] que não termina com um documento [...], mas com uma missão".

O que ele chamou de sombras foram "as mil e uma coisinhas que travavam e que nós tivemos que superar. [...] Acredito que tudo foi um conjunto de luzes e sombras e que a luz venceu. É a primeira conferência geral do episcopado que foi feita em um santuário mariano que tem capacidade para 35 mil pessoas. Todos os dias nós concelebrávamos, os duzentos e tantos bispos, com o povo. Nos dias de semana vinha pouquinha gente: duzentas, trezentas pessoas, pouquinhas… Sábado e domingo, 30 mil. E as sessões ocorriam no salão que fica embaixo do santuário, em instalações que existem lá para os peregrinos. Então a nossa música de fundo eram os cantos do santuário. A voz do povo de Deus. Essa foi uma das grandes luzes de Aparecida: o povo de Deus envolvido na conferência, em um santuário mariano, a casa da Mãe".

Ao abordar a pastoral urbana, Bergoglio falou da dificuldade "de compreender as linguagens que vão surgindo, que são totalmente diferentes. [...] O monocultural não existe". Depois remeteu à Aparecida que "tem algumas considerações muito fortes sobre a pastoral urbana". Soluções novas e, pastoralmente, audazes, não apontou, nem quando falou do papel dos leigos e de sua clericalização: "Nós, os padres, tendemos a clericalizar os leigos. Não nos damos conta, mas é como contagiá-los com o nosso estilo. E os leigos, não todos, mas muitos, nos pedem de joelhos para clericalizá-los, porque é mais cômodo ser coroinha do que ser protagonista de um caminho leigo. [...] O leigo é leigo e tem que viver como leigo com a força do batismo, que o habilita para ser fermento do amor de Deus na própria sociedade, para criar e semear esperança, para proclamar a fé, não de cima de um púlpito, mas a partir da vida cotidiana".

Panos quentes sobre feridas estruturais não verbalizadas? Pílulas de Frei Galvão para tornar a dicotomia entre leigos e clero suportável, em detrimento da *Gaudium et Spes* e de sua teologia do "Povo de Deus" (cf. cap. II)?

Atrás das palavras de efeito e dos sinais de espontaneidade humana, aos quais não estávamos mais acostumados, existe algo que aponta para o futuro? A vontade de retirar o entulho imperial da Igreja ainda não é um programa de governo. Contudo, em todos os gestos de Bergoglio e de Francisco, aparece a prioridade da missão dos batizados sobre a manutenção da Igreja.

Dom Jorge Eduardo Lozano, bispo de Gualeguaychú (Argentina), que foi por seis anos bispo auxiliar de Buenos Aires, qualifica os gestos de Bergoglio como expressão de sua pastoral missionária:

o prazer de ir ao encontro do povo sem ingenuidade, de se regenerar no meio dos pobres, e a firmeza nas decisões tomadas depois de se ter aconselhado diretamente com os envolvidos. A radiação missionária da Igreja peregrina vai ser o prefixo teológico-pastoral da reforma da cúria, da restauração da colegialidade estorvada pelos excessos de centralização e da revisão da monoculturalidade litúrgica e administrativa.

III

Depois do papa comunicador, do papa teólogo, agora temos um papa com DNA missionário. Mas como está a relação de sua missionariedade com a profecia? Missionariedade com baixa intensidade profética significaria negociar o Evangelho na esquina do mal menor. Não me refiro às acusações sobre a carência profética do padre Jorge Mario Bergoglio durante o tempo da junta militar, na Argentina (1976-1983). O Papa Francisco de hoje sabe que na época tinha "gente mais corajosa que ele" (Cardeal Lehmann) e alega que também com sua "coluna do meio" salvou vidas. Nos três anos de seu provincialado, que coincidiram com a ditadura militar (1976-1979), nunca existiu uma colaboração com os militares em detrimento de perseguidos, como determinados setores afirmaram, sem provas, já durante o conclave de 2005.

A nossa complacência com o passado político do Padre Jorge Mario Bergoglio, que se considera "eleito por misericórdia", não é cegueira nem apaga nossa alegria sobre o *downsizing* imperial de um papado sacralizado a que estamos assistindo. Desde Davi, passando por Pedro, Paulo e Agostinho, a missão dos eleitos nunca acontece por causa de seus méritos, mas pela misericórdia de Deus, que não dispensa processos permanentes de conversão e discernimento. A partir dessa conversão, compreendemos os sinais que Francisco oferece como tentativa de construir uma Igreja missionária, que é memória e casa dos pobres e que será dom e esperança para todos.

Em sua mensagem aos colegas do pré-conclave, o próprio Cardeal Bergoglio descreveu a sua visão dessa Igreja missionária. Podemos ter certeza de que as expectativas que expressou a respeito da reorganização da Igreja e da eleição do futuro papa, ele vai agora cobrar de si mesmo. O fio condutor desse pronunciamento deve-se tornar o pano de fundo de seu papado, e a pergunta que ele se fez foi esta: Quais são as exigências de uma Igreja missionária a partir do próprio Jesus Cristo?

• Primeiro: Evangelizar supõe zelo apostólico e audácia que impulsionam a sair de si mesmo. Essa saída tem como rumo as periferias: periferias geográficas e existenciais. Essas periferias têm nomes concretos. São periferias do mistério do pecado, da dor, das injustiças, das ignorâncias e da recusa religiosa, do pensamento, de toda miséria.

• Segundo: Esse sair de si mesma liberta a Igreja de sua autorreferencialidade. Os males e corrupções das instituições eclesiais têm raiz na autorreferencialidade, uma espécie de narcisismo teológico. Jesus bate de fora e de dentro nas portas da Igreja. Nós, às vezes, somos os carcereiros de Jesus e o prendemos com exclusividade dentro das nossas organizações.

• Terceiro: A autorreferencialidade substitui a luz de Cristo com a própria luz da Igreja, funciona como um divisor de águas entre duas Igrejas: a Igreja evangelizadora, que sai de si até os confins do mundo, e a Igreja mundana, que vive em si, de si e para si, com títulos, competições "para dar-se glória uns aos outros". Para possíveis mudanças e reformas para a salvação das almas, deve-se escolher entre esses dois modelos de Igreja.

• Quarto: Para enfrentar essas tarefas, o próximo papa deve ser "um homem que, a partir da contemplação de Jesus Cristo [...] ajude a Igreja a sair de si para as periferias existenciais, que a ajude a ser a mãe fecunda que vive da 'suave e confortadora alegria de evangelizar'" (EN 80).

Essas poucas linhas representam indicadores essenciais para a construção de uma Igreja contracultural, que supera seu narcisismo, se desloca para a periferia e, num mundo de aceleração, tem tempo para cuidar gratuitamente daqueles que padecem. Nessa perspectiva, evangelizar é "uma ação eminentemente profética, anúncio de uma Boa-Nova portadora de esperança" (cf. "Evangelização e missão profética da Igreja", CNBB, n. 80, p. 22).

IV

Ao iniciar o conclave, configuraram-se dois projetos eclesiológicos: o projeto da "nova evangelização", como extensão da cristandade em novos contextos urbanos, e o projeto "Povo de Deus", inspirado no Concílio Vaticano II. O que unia os dois projetos era a busca de um bom administrador e um bom pastor. A Igreja parecia não ter problemas teológicos, mas administrativos e pastorais. Por conseguinte, a maioria dos cardeais, que naqueles dias participaram no conclave, procurava um nome que garantisse transparência administrativa, competência pastoral e honestidade moral.

Quando os cardeais falaram em público, o primeiro projeto, modernizante, eurocêntrico, autorreferencial, no dizer de Bergoglio, e sem preocupação com mudanças estruturais, parecia majoritário.

O segundo, o projeto "Povo de Deus", que assumiu as lutas populares por justiça e a opção pelos pobres, parecia minoritário. Para ambos os projetos, o lugar de nascimento e o continente de proveniência do respectivo candidato eram menos importantes que o alinhamento teológico-pastoral. A passagem pela Cúria Romana já fez de muitos latino-americanos e africanos representantes dos setores hegemônicos europeus. Para a eleição do novo papa, ambos os projetos precisavam apresentar candidatos ideologicamente flexíveis e capazes de captar votos de ambos os grupos. Vários cenários eram possíveis.

Cenário 1: continuísmo europeu

Para o projeto da Nova Evangelização, o nome mais lembrado era o do Cardeal Angelo Scola, de Milão, que trabalhou com o teólogo Joseph Ratzinger na redação da revista *Comunio*, um projeto alternativo à revista *Concilium*. Num gesto simbólico, para indicar Scola como um futuro *papabile*, Bento XVI o transferiu de Veneza para Milão.

Cenário 2: continuísmo com aliados não europeus

Na busca de um candidato similar a Scola e, supostamente, capaz de unir votos não europeus em sua candidatura, impôs-se um segundo cenário: um cardeal não europeu, com passagem e alinhamento com a Cúria Romana. Para este caso, o nome mais citado pela imprensa foi o do arcebispo de São Paulo, cardeal Odilo Scherer (63 anos). De 1994 até 2001, Odilo Scherer foi Oficial da Congregação para os Bispos, na Cúria Romana. Hoje é membro da Congregação para o Clero, da Comissão Cardinalícia de Vigilância do Instituto para as Obras de Religiões – fez parte do XII Conselho Ordinário da Secretaria do Sínodo dos Bispos. Além de ser também membro do Pontifício Conselho para a Família, da Pontifícia Comissão para a América Latina e do Pontifício Conselho para a Promoção da Nova Evangelização.

Cenário 3: Igreja povo de Deus, colegialidade e diálogo

Se os candidatos do cenário um e dois não alcançaram desde o início uma votação expressiva, a minoria do conclave tentou articular um terceiro cenário em torno do projeto do Vaticano II, enfatizando a eclesiologia "Igreja povo de Deus", colegialidade, diálogo entre os dicastérios da cúria, com a Igreja local e as religiões.

As figuras de proa desse projeto "povo de Deus", segundo a imprensa vaticanista, eram o nigeriano Peter Turkson, presidente do Pontifício Conselho Justiça e Paz, o filipino Luis Antonio Tagle e o hondurenho Oscar Rodrigues Maradiaga, presidente da Caritas Internacional. De Jorge Mario Bergoglio, embora seu perfil coubesse bem nesse cenário, quase ninguém se lembrava mais por causa de sua idade avançada de 76 anos.

V

Lá está ele, sem genealogia, Francisco Zero, missionário sem doutorado, pedindo a bênção do povo e de Nossa Senhora. Em 1986, quando Jorge Mario Bergoglio voltou para sua terra, depois de ficar alguns meses nas planícies acadêmicas de Sankt Georgen, em Frankfurt, trouxe algumas notícias, que escreveu sobre Romano Guardini, e uma imagem de Nossa Senhora Desatadora dos Nós, cujo original se encontra na Igreja São Pedro, não de Roma, mas de Augsburg. Entrementes, a devoção por Nossa Senhora Desatadora dos Nós se tornou um fenômeno da religiosidade popular na Argentina e se espalhou em quase todos os países latino-americanos.

Num momento crítico para a Igreja Católica, Francisco foi eleito para desatar nós, *urbi et orbi*: os nós administrativos da cúria, o nó da centralização eclesial, os nós de uma teologia sacramental estagnada em alturas medievais, os nós de linguagens incompreensíveis, os nós de práticas pastorais caducadas.

Francisco – um nome novo para um programa impossível? Em questões menores, a religiosidade de sua casa e a teologia de seu país podem nos irritar. Para solucionar questões de ordem cultural, ele não terá tempo suficiente. Mas o Papa Francisco tem um olhar aberto para ver as chagas de Jesus na humanidade. Ao propor a ruptura com a autorreferencialidade eclesiástica e traçar o caminho da Igreja como saída às periferias geográficas e existenciais, Francisco promete que vai priorizar a opção pelos pobres e vincular a missão à justiça da ressurreição. Precisamos ampará-lo, porque a direita e o fundamentalismo não lhe darão trégua.

Francisco

Trocaste a carreira pelo Caminho,
tempo e canção de repouso
pelo grito dos aflitos
noite adentro.
Serás carpinteiro
nas encruzilhadas
da pedreira de Pedro.

Haverás de lutar
pela vida de todos,
sonhar vinho para os sedentos,
com divina energia
consagrar pão para os famintos:
tudo o que vale é repartido,
gratuidade, eucaristia.

Sinal de contradição,
cruz e justiça,
covardia e coragem,
contudo, sino de esperança,
desde o mundo dos pobres
badalando para todos os mundos –
Nova Aliança.

(Paulo Suess, abril de 2013)

OBSTÁCULOS E POSSIBILIDADES PARA CRIAR UM CLIMA DE REFORMAS

A responsabilidade de um bispo de Roma que vem da periferia

Luiz Alberto Gómez de Souza

Chegou, depois de tempos imemoriais, um bispo de Roma não europeu, como o apóstolo Pedro. Francisco declarou: "Vocês sabem que o dever de um conclave era dar um bispo a Roma. Parece que meus amigos cardeais foram quase até o fim do mundo para buscá-lo". Claro que aí se esconde sutilmente um eurocentrismo. Fim do mundo em relação a quê?

Eis um primeiro elemento positivo. Afinal, é na América Latina que se concentra a maioria dos católicos. Foi aqui que, de Medellín (1968) a Puebla (1979), em reuniões do episcopado da região, a Igreja, com exceções, viveu uma década que gosto de chamar de gloriosa, em dia e mesmo, às vezes, à frente de seu tempo, num momento de ditaduras, denunciando as injustiças sociais, os crimes contra os direitos humanos, com o apoio às comunidades eclesiais de base e afirmando fortemente a centralidade da "opção preferencial pelos pobres". Alguém falou, referindo-se à teologia da libertação, da volta das caravelas. Elas vieram, no século XVI da Europa, trazendo soldados e missionários. Agora elas voltavam da América Latina, com uma nova maneira de fazer teologia. E no caso atual, levando Francisco, que foi de Buenos Aires a Roma.

Muitos dizem, com intenções ideológicas evidentes, que Francisco, falando dos pobres, retira a bandeira dos governos progressistas da América Latina. Uma grande tolice. Ao contrário, ele se coloca na mesma onda, para exigir justiça social. Essa centralidade do pobre vem lá de trás, da Igreja primitiva e, mais recentemente, do "Pacto das Catacumbas" de muitos bispos ao final do Vaticano II, em 1965, pedindo uma Igreja despojada e pobre. Foi fortemente afirmada de Medellín para cá. Está no centro da teologia da libertação das últimas décadas.

Diz-se que Bergoglio não era favorável a essa teologia, mas ele propõe, como Francisco, o que está no coração dela e que vem sendo afirmado nas pastorais sociais e nas comunidades eclesiais de base. É uma alegria ver o novo bispo de Roma confirmar o que tem sido o centro das comunidades cristãs latino-americanas mais evangélicas, comprometidas e espirituais. Ele afirmou que sonhava com uma Igreja pobre e para os pobres. Os pobres evangelizam, foi dito em Puebla.

Há, desde o começo, depois da eleição, um elemento importante. Francisco se apresentou como bispo de Roma, e é enquanto tal – como o primeiro entre os bispos católicos do mundo – que exerce o Magistério universal. Prefiro chamar Francisco de bispo de Roma, antes que de papa. Assim, podemos ver melhor os bispos do mundo unidos a seu irmão maior, o bispo romano. É mais eclesial e de uma tradição mais evangélica. Na Igreja primitiva, o bispo de Roma era o *primus inter pares* entre os patriarcas de Constantinopla, Antioquia e Alexandria, estando à frente dos bispos do mundo inteiro.

Quem sabe poderia no futuro, não custa esperar, entrar em comunhão com Igrejas articuladas no Conselho Ecumênico das Igrejas. Essa comunhão ecumênica, praticamente ainda impossível nos nossos dias, foi provavelmente uma das intenções de João XXIII ao convocar o Vaticano II (depois posta de lado pelos entraves concretos). Houve intenção de unidade com o Oriente, sem resultados, no segundo Concílio de Lião (1245) e novamente no de Florença (1439). Porém, no momento atual, Francisco é basicamente o bispo primeiro da Igreja Católica Romana.

Um fato importante. À sua posse veio o patriarca de Constantinopla, Bartolomeu, historicamente o segundo em dignidade, da Igreja de André, depois do bispo de Roma, da tradição de Pedro. João XXIII e Paulo VI encontraram seu predecessor Atenágoras. Dizem que Francisco poderá ir ao Fanar, bairro grego pobre de Istambul onde mora o patriarca, em novembro, na festa de Santo André. Estiveram também presentes em Roma representantes de várias religiões, cristãs ou não.

O nome Francisco é muito significativo. Representa uma ruptura e uma novidade nos nomes da sucessão dos bispos de Roma e ele, ao fazê-lo, pensou em Francisco de Assis, simples leigo, e em seu revolucionário ideal de pobreza (como foi lembrado no conclave pelo franciscano Cláudio Hummes, sentado ao lado de um Bergoglio emocionado). Francisco vivia na Úmbria, ao norte de Roma, no lado oposto do então poderoso e autoritário Papa Inocêncio III. Bergoglio, escolhendo o nome, em memória do Santo de Assis, como afirmou, quis colocar os pobres no centro das atenções.

Mas também, sendo jesuíta, o primeiro dessa congregação na história do papado (tínhamos sonhado antes com outro jesuíta, Martini), podemos pensar num dos fundadores da Companhia de Jesus, Francisco Xavier, ainda que não se tenha referido a ele. Este último levou a fé de sua Igreja à Índia, depois até o Japão, e pretendeu também entrar na China, o enorme e isolado Império do Meio. Ele e outros jesuítas que o sucederam nessa missão, como o famoso Padre

Matteo Ricci, quiseram repensar o estilo e a liturgia romana nessas novas realidades. O míope provincianismo europeu da Cúria Romana daquele tempo não o permitiu. Quem sabe se o novo papa, na tradição desses jesuítas, não trabalhará na dimensão de uma Igreja da diversidade, em tempos planetários e ao mesmo tempo pluralistas?

Nos últimos anos, a Cúria Romana foi alvo de severas críticas que envolveram os dois últimos secretários de Estado (espécie de primeiros ministros), o salesiano Tarcisio Bertone e, antes dele, outro italiano, Angelo Sodano. Essa reação diante da Cúria deve ter influenciado o conclave. A eleição de um bispo de Roma vindo da periferia parece indicar, lembrando o título de uma peça de teatro do pensador católico existencialista Gabriel Marcel, que "Roma não está mais em Roma". Ela deveria se abrir ao mundo inteiro, espalhada em diferentes realidades e com elas teria que se repensar.

Nessa perspectiva, uma tarefa urgente seria transformar o governo centralizado da Igreja Católica Romana. O relatório de três cardeais pareceria indicar graves problemas no centro da Igreja, nos campos da sexualidade, da corrupção financeira e da luta pelo poder. Francisco vem de fora; entretanto, membro de cinco congregações romanas, já devia estar informado de alguns desses problemas. Como estará reagindo ao ler o documento lacrado que lhe foi entregue? Os obstáculos a mudanças serão enormes e, num estilo "eclesiástico" de muitos séculos, poderá vir na forma de resistências duras, mas envoltas em pias e edulcoradas manifestações de obediência.

Tenho a impressão de que o coração do suave João Paulo I não resistiu e morreu aos 33 dias, ao conhecer as graves crises que, naquele momento, acometiam a Igreja, como os escândalos da pedofilia, que começavam a vir à tona e, principalmente, o grave caso da diocese de Boston.

Francisco, ao visitar a basílica Santa Maria Maior, deparou-se com o cardeal Law, enviado de Boston para um "exílio" em Roma, como arcipreste dessa Igreja-mãe. Bruscamente ordenou que ele se retirasse imediatamente.

Francisco conseguirá fazer as reformas inadiáveis? Um indicador desta possibilidade – ou impossibilidade – será a nomeação do secretário de Estado, seu auxiliar direto. Os problemas com o anterior, Bertone, poderão ter influído na renúncia de Bento XVI. E logo depois, para Francisco, vêm as nomeações dos dicastérios romanos (ministérios em clave secular), com esperadas nomeações vindas dos vários continentes e, esperemos, com prefeitos renovadores a serviço das dioceses do mundo afora.

Também há que prestar atenção na nomeação de novos cardeais. Bento XVI, nas escolhas dos últimos consistórios, fortaleceu a Europa e a Cúria Romana.

Levantando hipóteses sobre o nome do papa, cheguei a pensar num possível Leão XIV (eu acertara com Bento XVI): enganei-me agradavelmente com a surpresa do nome inédito. Entretanto, a aposta se baseava na experiência de Leão XIII que, no século XIX, depois de dois papas anteriores ultrarreacionários, Gregório XVI e Pio IX, anunciou uma abertura, dirigiu-se mais adiante ao mundo operário e indicou, ao ser eleito, que estivessem atentos às nomeações dos próximos cardeais, para verem a diferença de seu estilo. Escolheu, então, o grande teólogo convertido do anglicanismo, John H. Newman, malvisto por setores tradicionais da Igreja Católica Romana na Inglaterra. Newman, que Bento XVI admirava e recentemente beatificou, foi um crítico da centralização que se fortaleceu depois do Vaticano I e que escreveu um tratado sobre "o desenvolvimento da doutrina", indicando que ela tem que se repensar na história e que, portanto, mudanças periódicas são necessárias.

Francisco poderia estar numa direção em sentido contrário do Vaticano I, reforçando o Vaticano II e a ideia de colegialidade que esse concílio enfatizou, num processo de descentralização, participação e diálogo com as Igrejas locais.

Bergoglio era, até então, cardeal arcebispo de Buenos Aires. Agora é, antes de tudo, e isso basta, bispo de Roma. O título de cardeal é uma criação histórica de alguns séculos, para aqueles bispos (e mesmo sacerdotes e leigos no passado) que se ligam a Roma, teoricamente como auxiliares, onde têm uma igreja da qual são titulares. São chamados às vezes de "príncipes da Igreja", numa acepção de cunho monárquico, anacrônica e duvidosa, sem real sentido evangélico. Arcebispo é também uma criação para indicar que são bispos à frente de uma província eclesiástica, estrutura agora em crescente desuso. Os regionais da CNBB são mais importantes do que as províncias. Essas denominações históricas em nada acrescentam às funções pastorais dos bispos. Oxalá os títulos de cardeal e de arcebispo venham um dia a desaparecer e o colégio dos cardeais possa ser substituído, por exemplo, por um colégio de representantes das conferências nacionais dos bispos, como a CNBB. Seria uma maneira de limpar a Igreja de títulos nobiliárquicos ou referências administrativas que já estão caducando, bem como de afirmar a colegialidade real prevista pelo Vaticano II.

Para isso, o novo bispo de Roma precisaria abrir um diálogo com as Igrejas locais e aceitar uma descentralização nas decisões, nas pastorais e nos ritos da liturgia (como sonhou Ricci). O Vaticano seria reduzido a uma administração e não poderia funcionar como um poder paralelo. A participação dos bispos irmãos com a experiência pastoral das Igrejas locais, em comunhão com o irmão maior romano, deveria crescer, na linha da colegialidade. As conferências episcopais teriam de ter um protagonismo mais forte junto a Francisco na nomeação de bispos de sua região, que elas conhecem melhor do que ninguém.

Porém, mais importantes do que meras reformas estruturais, seria o fortalecimento da vida eclesial nas bases. O Povo de Deus, outra afirmação do Vaticano II, a partir das leigas e dos leigos, já é, no mistério da fé, o grande protagonista de uma Igreja em transformação. Há que visibilizá-lo, e essa é uma tarefa que, talvez, Francisco possa realizar.

Vários temas chamados incorretamente de dogmas (os dogmas são em número menor do que se pensa) fazem parte de medidas disciplinares e podem e mesmo devem mudar com os novos tempos. Aí estão o que chamo de questões congeladas, como o celibato obrigatório, as normas sobre a contracepção, o uso dos preservativos e a moral sexual em geral, assim como a participação das mulheres nos ministérios (serviços) da Igreja, nos vários níveis e, inclusive – o que enfrentará maiores dificuldades –, a ordenação de mulheres.

Rigorosas pesquisas do Pew Forum, nos Estados Unidos, e sondagens na Alemanha e na Áustria mostram que uma ampla maioria dos fiéis aprova mudanças nesse sentido. Dois bispos australianos se manifestaram no mesmo sentido. Isso contrasta com o silêncio no Brasil, numa Igreja hierárquica que já foi profética e antecipadora, em boa parte domesticada nos últimos anos.

Bergoglio, como arcebispo de Buenos Aires, era visto como conservador em várias dessas áreas. Mas, quem sabe, não poderia abrir um debate a respeito destes e de outros assuntos, para um discernimento – ideia tão cara aos jesuítas – de toda a Igreja nos próximos tempos? Vários desses temas são discutidos à boca pequena, mas há, nas estruturas eclesiásticas atuais, uma autocensura que os dois últimos pontificados reforçaram. Leigas e leigos no mundo eclesial, teólogas, teólogos, religiosas, religiosos, diáconos, clérigos e bispos deveriam sentir-se à vontade para pensar livremente e em voz alta.

Francisco apareceu na sacada da basílica vaticana apenas com a batina branca, sem a capa de arminho de papas anteriores. Uma grande diferença com relação à postura hierática de Pio XII, em sua sédia gestatória, e também com as roupas e pantufas de *griffe* de seu predecessor. Sua vida simples e despojada poderia indicar uma mudança nas pompas e na superação de certa teatralidade no Vaticano.

Vendo a preparação do conclave, eu me reportava, com certo desconforto, ao tempo do renascimento. Dizem que Bergoglio não tinha automóvel, andava de trem, e que deixara o palácio episcopal e fora morar num apartamento, como nosso Dom Helder, que se mudou para a sacristia da pequena igreja das Fronteiras, no Recife. Aliás, Dom Helder, sempre ousado e criativo, propôs a Paulo VI entregar o Vaticano à Unesco e ir viver na periferia popular de Roma. Isso não aconteceu, evidentemente, mas Paulo VI aboliu certos aspectos de ostentação.

Contudo, há uma mancha no passado de Bergoglio. Ele era provincial dos jesuítas durante os governos militares. Acusam-no, e à maioria dos bispos argentinos, de se ter calado nos períodos ditatoriais, à diferença da Igreja chilena e da nossa CNBB. Uns poucos bispos argentinos foram valentes e um deles, Enrique Angelelli, muito provavelmente foi assassinado. Um sacerdote de sua diocese, La Rioja, o franciscano Carlos de Dios Murias, foi morto. Angelleli disse no funeral: "Atingiram onde sabiam que ia doer mais. Fui eu que o ordenei e o coloquei numa condição de perigo". Duas semanas depois, foi ele que sofreu um estranho acidente de automóvel. Um processo de beatificação de Carlos Murias foi encaminhado a Roma, apoiado por Bergoglio, como arcebispo de Buenos Aires.

Em privado, parece ter havido ações positivas de Bergoglio, ainda que, por testemunho de amigos, tenha retirado proteção a dois sacerdotes de sua congregação, engajados no trabalho popular. Conheci e admirava um deles. Em todo o caso, pesa o silêncio público; e não posso deixar de pensar no outro silêncio, de Pio XII, durante a perseguição aos judeus, ainda que, como se sabe, secretamente tenha acolhido alguns e ajudado muitos a fugirem. Mas só depois da queda dos militares, um pouco tarde, foi que o episcopado argentino fez autocrítica e condenou os anos de chumbo; já então estava ali Bergoglio, primeiro como bispo auxiliar e, depois, como arcebispo de Buenos Aires.

Bem diferente da situação de valentes jesuítas da América Central, onde o filósofo e teólogo jesuíta Ignacio Ellacuría e cinco companheiros foram mortos pelos militares. Salvou-se na ocasião, por estar no exterior, outro jesuíta, o notável teólogo Jon Sobrino, que fora assessor do Bispo Dom Oscar Romero, também assassinado. Entretanto, não temos mais Bergoglio e seu passado, mas Francisco e seu futuro.

Agora é tempo de ter esperança. Temos um papa da periferia, de uma América Latina que não pesa quase nada na geopolítica do mundo e que agora chega ao centro da Igreja Católica Romana. Poderia ser uma surpresa, como o foi o bom Papa João XXIII, considerado conservador no seu passado de bispo, de quem não se esperava muito no começo e que transformou profundamente a Igreja, convocando o Concílio Vaticano II e convidando para um *aggiornamento*.

Passados os dois pontificados de certa maneira paralisantes, Francisco, bispo de Roma, em texto manuscrito que entregou ao cardeal de Havana, com uma intervenção no pré-conclave, criticava uma Igreja "autorreferenciada", que olha para si mesma, em uma espécie de "narcisismo teológico" que afasta do mundo e "quer Jesus Cristo dentro de si e que não o deixa sair", uma Igreja mundana que vive em si, de si e para si. De outro lado, "a Igreja deve sair de si mesma e ir às periferias", não apenas geográficas, mas também existenciais, manifestadas no mistério do pecado, da dor, da injustiça e da ignorância – uma Igreja evangelizadora. E Francisco assim confessou aos cardeais o que esperava de quem fosse eleito: deve ser "um homem que, a partir da contemplação de Jesus Cristo... ajude a Igreja a sair de si para periferias existenciais" (IHU, 23/3/2013).

Esse, aliás, tem sido o movimento da teologia da libertação em seu longo processo, desde os anos 1960: viver na práxis histórica. Tivemos um tempo difícil, chamado de inverno na Igreja (*Tempo e presença*, jan./fev. 1990). Mas, apesar disso, do Vaticano II para cá, as grandes intuições da Igreja seguiram e se aprofundaram na prática de fiéis e na reflexão de cientistas sociais e teólogos mais valentes. Oxalá que este novo pontificado, além de transformações estruturais – necessárias, porém, não as mais decisivas –, restabeleça, principalmente, aquele clima criativo do pós-concílio, permita emergir livremente, à luz do dia, a caminhada das práticas pastorais e da teologia, que já se está dando numa vida *sommersa*.

Muitos são os temas que esperam o novo papa. O fardo e o peso da responsabilidade de Francisco parecem ser enormes. É a ocasião de esperar e, sobretudo, rezar, e rezar forte.

Um momento tocante, de enorme significado, foi quando Francisco, com sincera humildade, pediu à multidão na praça, e em certo sentido ao mundo inteiro que o seguia pela televisão, que orasse e lhe desse uma bênção e, em silêncio, se inclinou por uns segundos. Como João XXIII indicou, ao convocar o concílio, esperemos que ele, homem aparentemente simples e comunicativo, traga sinais de "uma inesperada primavera".

A eleição de Francisco: um olhar feminino

Lucia Ribeiro

Diante da multiplicação de entrevistas, artigos e, sobretudo, imagens na TV, sobre a eleição do novo papa, não posso deixar de sentir, como mulher e como cristã, um certo mal-estar, porque todo o processo visibiliza e deixa explícita a exclusão da mulher da esfera de poder da Igreja Católica.

Duas imagens, especialmente, me chamaram a atenção: por um lado, o espetáculo dos cardeais, desfilando com o luxo de seus trajes púrpuro-renascentistas, pela Praça de São Pedro. É a cúpula da Igreja, constituída exclusivamente por homens idosos e celibatários, em cujas mãos se concentra o poder eclesial; e é aplaudida frenética e entusiasticamente pela multidão que se encontra na praça e na qual as mulheres, provavelmente, são a maioria.

Por outro lado, uma foto em *O Globo*, de 17 de março, intitulada "O lado feminino da Igreja", mostra duas freiras – ainda de hábito! – jogando futebol com as crianças; a associação imediata é a de uma dimensão lúdica, que sugere certa infantilização. Não seria essa, justamente, uma forma de legitimar subliminarmente a situação subalterna das mulheres na Igreja?

É evidente que imagens não esgotam uma realidade muito mais complexa e contraditória, mas têm uma força própria para sublinhar características predominantes; e, neste caso, reforçam a ideia da exclusão feminina na esfera do poder eclesial.

Mas não é apenas o espetáculo oferecido pelo Vaticano que tem a marca de um patriarcalismo indisfarçável. As próprias análises, os artigos e as entrevistas são, na sua maioria – com honrosas exceções –, realizados por homens. Ou seja, trata-se de todo um espaço dominado pela presença masculina. Não se pode esquecer, entretanto, de que boa parte da população católica é composta de mulheres; e não é por acaso que, nesta Igreja em crise, vem sendo repetido que é fundamental repensar o lugar da mulher.

Mas aqui entra uma questão mais de fundo. Porque não se trata, simplesmente, de exigir uma participação feminina na atual estrutura de poder eclesial, nem mesmo de apenas levantar a temática da ordenação de mulheres. É preciso questionar a própria estrutura hierárquica. Pois esta não é apenas patriarcal: é também uma verdadeira autocracia, em que o poder está concentrado nas mãos de um chefe supremo (e não posso deixar de pensar no regime czarista da Rússia imperial ou nas monarquias absolutas dos séculos XVII e XVIII).

E não é desse tipo de estrutura que as mulheres desejam fazer parte. Essa estrutura precisaria ser radicalmente transformada, dando lugar a diversas formas colegiadas, sem um *pontifex maximus*, concepção absolutista e pagã herdada da Roma dos césares, mas com um bispo de Roma irmão maior. Só assim o Povo de Deus – homens e mulheres – poderia participar na Igreja de maneira equitativa, plural e democrática.

É evidente que tais mudanças estruturais não se fazem da noite para o dia. Tampouco dependem apenas da eleição de um novo papa, seja ele mais conservador ou mais progressista. É claro que ele pode fazer um papel relevante, mas o fundamental é a transformação que vem das bases. E que, felizmente, já está se realizando, embora de formas muitas vezes invisíveis, na fragmentação de uma realidade multifacetada. É aí que as mulheres começam a ocupar um lugar fundamental, como agentes de pastoral, coordenadoras de comunidades, assessoras, participantes de ministérios não ordenados, ou de tantas outras formas, como membros ativos de suas comunidades. Na realidade, reatualizam o papel desempenhado por mulheres nas comunidades cristãs primitivas.

Nesse contexto, será mais fácil também discutir abertamente e conseguir dar respostas aos famosos "temas congelados" como celibato obrigatório, sexualidade – hetero e homo –, contracepção, aborto e tantos outros, que interessam tanto aos homens como, principalmente, às mulheres, e que, dentro da atual estrutura, patriarcal e concentradora de poder, dificilmente serão resolvidos.

COMPONENTES DE UMA POSSÍVEL REFORMA DA IGREJA

Manoel Godoy

A história do papado não começa com o Papa Francisco. Isso parece óbvio, mas, pelo espetáculo midiático, alguns podem até ter essa impressão. Pode-se perceber que os percalços do governo do Papa Bento caíram até no esquecimento, diante dos inúmeros gestos simbólicos do atual bispo de Roma. Sem querer apagar a esperança de quem quer que seja, chamo a atenção para o necessário equilíbrio nas análises sobre a conjuntura da Igreja. Essa instituição bimilenar não muda de sobressalto. Sua purificação evangélica deverá ser obra lenta, gradual e progressiva.

Portanto, minha reflexão parte do chão eclesial encontrado pelo Papa Francisco para dar nomes aos limites históricos, institucionais e pessoais que o atual líder máximo da instituição católica terá que enfrentar no seu pontificado. Com isso, também deixo claro que não há perspectivas de revolução institucional. No máximo, podemos presenciar uma singela reforma.

Evitando voltar muito atrás, parto da década de 2003 a 2013. Esta pode ser organizada por um antes e depois do Beato João Paulo II ou pela ascensão do prefeito da Congregação para a Doutrina da Fé, o Cardeal Ratzinger, ao pontificado, sob o nome de Bento XVI (19/04/2005). Duas personalidades bem diferentes mostram ao mundo dois estilos de governo da instituição católica. O Beato tinha muita facilidade para lidar com os meios de comunicação social e ocupava constantemente a mídia; o Papa Bento XVI, embora se esforçasse muito em seu contato com a sociedade, apresentava-se bastante retraído e tímido. Com sua maneira franca e aberta de expor seu pensamento, causou alguns problemas que deixaram sua imagem bastante arranhada junto à opinião pública e até mesmo dentro da Igreja.

No final do mandato do Papa João Paulo II, quando ele já estava bem debilitado, o governo da instituição católica ficou entregue à Cúria Romana. Foi assim com o Papa Paulo VI e sempre será assim, a não ser que a prática da renúncia papal se torne um processo normal. Porém, pelo que hoje podemos perceber, nesse período de transição não foi o Cardeal Ratzinger um dos expoentes no comando, apesar de toda a sua influência na implantação do projeto de restauração da Igreja, impetrado por ele e pelo Papa João Paulo II desde o Sínodo dos Bispos de 1985.

Os pontos-chave que podem ter levado o Papa Bento XVI à renúncia, além de suas condições físicas bem debilitadas, são significantes para se entender o intrincado contexto eclesial que o Papa Francisco terá pela frente.

Crise de credibilidade e projeto restauracionista da Igreja

Desde a publicação de uma longa entrevista concedida ao jornalista italiano Vitório Messori, em 1985, o Papa Bento XVI, na época prefeito da Congregação para a Doutrina da Fé, deixou claro que tinha em mente um projeto de restauração eclesiástica. Por isso, embora de maneira diferente, pode-se dizer que seu programa papal aponta para a continuidade de tal projeto iniciado nos tempos do pontificado do Beato João Paulo II. Ele nunca escondeu seu ponto de vista sobre o Concílio Vaticano II e se propôs a colocar ordem na casa diante daquilo que ele chamava de estragos que certa hermenêutica do concílio provocou na Igreja. Afirmou em 1985: "É incontestável que os últimos vintes anos foram nitidamente desfavoráveis para a Igreja Católica" e, com isso, defendia certo processo restauracionista, que, segundo ele, não seria uma volta atrás, mas "uma busca de um novo equilíbrio, após os exageros de uma indiscriminada abertura ao mundo, após as interpretações por demais positivas de um mundo agnóstico e ateu".

Relacionamento com os bispos lefebvristas

Já no final do pontificado de João Paulo II, o Cardeal Joseph Ratzinger iniciou contatos frequentes com a ala mais conservadora e integrista da Igreja em busca de comunhão oficial. Esses contatos foram intensificados depois de sua ascensão ao papado, em 2005. O cardeal colombiano, Dario Castrillón, encarregado da Comissão *Ecclesia Dei*, constituída para acompanhar os dissidentes, assumiu diretamente essa tarefa. Foi o mesmo cardeal que em 2002 veio ao Brasil, na Diocese de Campos, e promoveu a reintegração da ala lefebvriana à Igreja, reconhecendo o Bispo Dom Fernando Áreas Rifan como administrador apostólico da Administração Apostólica Pessoal São João Maria Vianney. Desde essa época, a diocese de Campos convive com a ambiguidade de ter dois bispos católicos na mesma cidade. A CNBB teve de reconhecer essa comunhão um tanto estranha e incorporar o tal bispo nos seus quadros.

Portanto, o afago aos bispos de Lefebvre não é um ato isolado e fez parte de uma série de sinais que apontam o recrudescimento do programa de restauração da Igreja empreendido pelo Vaticano desde a subida do Papa João Paulo II ao trono de Pedro e do Cardeal Ratzinger à Congregação para a Doutrina da Fé.

Comunhão na Igreja e *Dominus Iesu*

Em 1992, a Congregação para a Doutrina da Fé publicou um documento que teve pouca repercussão, mas demonstrava o que o Vaticano entendia por comunhão na Igreja, Carta aos Bispos da Igreja Católica sobre Alguns Aspectos da Igreja Entendida como Comunhão (28 de maio de 1992). Porém, mais enfática foi a Declaração *Dominus Iesu*, sobre a unicidade e a universalidade salvífica de Jesus Cristo e da Igreja, publicada em 16 de junho de 2000, que provocou enormes reações no mundo ecumênico, pois afirmava que as Igrejas da reforma não eram verdadeiramente Igrejas, somente a católica. Quando a poeira parecia ter baixado, a Congregação para a Doutrina da Fé, em junho de 2007, publicou, com aprovação do Papa Bento XVI, o documento Respostas a Algumas Perguntas sobre Certos Aspectos da Doutrina sobre a Igreja. Voltou a reafirmar que a única Igreja de Cristo é a Católica Apostólica Romana, tentando corrigir aquilo que o documento chama de "interpretações erradas" da Constituição Dogmática *Lumen Gentium* do Concílio Vaticano II.

Motu proprio *Summorum Pontificum*. Em 7 de julho de 2007, o Vaticano publicou o motu proprio *Summorum Pontificum* que autoriza a missa em latim. O problema é que com isso se retoma a oração pela conversão dos judeus, instituída no Concílio de Trento de 1570, que na reforma estabelecida por Paulo VI tinha sido modificada substancialmente.

Ora, quando o Papa Bento XVI fala que "Se o lermos e recebermos guiados por uma justa hermenêutica, o Concílio pode ser e tornar-se cada vez mais uma grande força para a renovação sempre necessária da Igreja" e toma tais atitudes, gera em nós uma questão: A justa hermenêutica do Concílio abrange fazer concessões a quem é contra o Concílio?

Nesse enquadramento se entende melhor uma série de episódios eclesiásticos que corroeram a credibilidade da Igreja Católica no mundo.

Discurso em Regensburg. Nem mesmo o forte apoio dos movimentos integristas tem conseguido evitar um clima de crise pela qual passa o Vaticano: a da credibilidade. Desde o imbróglio criado com os muçulmanos naquela fala do Papa Bento XVI, na Universidade de Regensburg (Alemanha), em setembro de 2006, o relacionamento com a sociedade não tem sido nada fácil para o Vaticano. Guardadas as devidas proporções, podemos dizer que esse evento teve um efeito para a Igreja quase tão desastroso quanto o 11 de Setembro norte-americano. Porém, até com certa habilidade se tentou convencer os muçulmanos de que a afirmação papal não era tão drástica como parecia. O papa lamentou que alguns fragmentos de sua fala tenham sido considerados tão ofensivos. Bem, basta ver os tais fragmentos e a força que eles têm por si mesmos. "Mostre-me também aquilo que [o profeta] Maomé trouxe de novo, e encontrarás somente coisas más e desumanas, com sua diretiva de difundir por meio da espada a fé que ele predicava. Deus não gosta de violência; não atuar segundo a razão é contrário à natureza de Deus".

Caso Williamson. Quando se pensa que um conflito está resolvido, vem outra bomba, envolvendo o mundo judaico. O afago do Vaticano aos bispos seguidores de Lefebvre incluiu um bispo francamente negacionista do Holocausto judaico. Richard Williamson, que nasceu na Grã-Bretanha, era pastor anglicano e se converteu ao catolicismo. Depois do Concílio, integrou-se à corrente chefiada pelo arcebispo francês Marcel Lefebvre, que o ordenou em 1989.

Dirigiu o Seminário da Fraternidade São Pio X, em Winoma, Estados Unidos, e em 2004 foi para a Argentina.

Esse caso demonstra, no mínimo, como andava mal a comunicação no Vaticano. "A assinatura da revogação da excomunhão foi dada no dia 21 de janeiro; dois dias antes, dia 19, *Der Spiegel* tinha noticiado a entrevista-bomba que Williamson concedera a uma televisão sueca, em que negava o Holocausto dos judeus e a existência das câmaras de gás. É possível que ninguém se informara disso no Vaticano? Por acaso, o papa e o seu secretário pessoal, Monsenhor Georg Genswein, ambos bávaros, não leem a imprensa alemã? Não foi possível adiar o perdão até que Williamson se retratasse?"

O caso Williamson vai além de seu antissemitismo. Ele também "sustentou que a queda das Torres Gêmeas foi um autoatentado, que judeus e mórmons são 'inimigos de Cristo', que é um disparate que as mulheres usem calças compridas ou vestido curto, que Pinochet foi um grande estadista". Não foi só o mundo judaico que se ofendeu com a reabilitação desse senhor antissemita, mas todo o povo alemão, que mereceu de sua primeira-ministra uma palavra de profundo pesar pela atitude do Vaticano. Esse episódio abriu uma profunda ferida de difícil cicatrização no relacionamento entre Igreja e povo judeu.

Caso Wagner na Áustria. Na série de medidas conservadoras, inclui-se a indicação de um bispo auxiliar na Áustria, Gerhard Maria Wagner, que pregou ser o furacão Katrina uma vingança de Deus contra os pecadores de Nova Orleans e que a série Harry Potter é satânica. Depois da reação da Igreja da Áustria contra essa indicação, o Vaticano suspirou aliviado quando o próprio indicado pediu para não aceitar a nomeação. O pior é que essa nomeação foi associada ao caso do perdão aos bispos lefebvrianos, como dá a entender a mensagem apostólica divulgada pelos bispos austríacos, convocados pelo Cardeal Christoph Schoenborn, arcebispo de Viena, para tratar do caso Wagner. Nessa mensagem destacam que os quatro seguidores de Lefebvre foram perdoados por Bento XVI, mas não regressaram "automaticamente" à Igreja. No final da mensagem, há uma crítica meio velada ao Vaticano. "Esperamos que consigam melhorar os insuficientes processos de comunicação também no Vaticano, de modo que o serviço universal do papa não seja coberto de sombras".

Casos Haight, Jon Sobrino, Jacques Dupuis, Peter C. Phan, Queiruga, Pagola e outros. As heresias da ala conservadora não preocupam o Vaticano, porém, as reflexões mais abertas no campo teológico recebem reprimendas rapidamente. Nessa perspectiva, o teólogo Jon Sobrino recebeu uma notificação da Congregação para a Doutrina da Fé sobre sua cristologia, que para o Santo Ofício parece acentuar por demais o Jesus histórico em detrimento do Cristo da fé. Já o teólogo Roger Haight, de 75 anos, depois de ser notificado pela mesma Congregação, em 2004, e acusado de causar graves danos aos fiéis por causa do livro *Jesus, símbolo de Deus*, recebeu em janeiro de 2009 ordens para parar de ensinar e publicar sobre assuntos teológicos.

Peter Phan, vietnamita, que leciona nos EUA, é outro teólogo acusado de abrir debate sobre o papel de Cristo como "único e universal salvador do mundo". Ele é o quarto teólogo de primeira linha que acabou submetido a um processo depois da publicação da *Dominus Iesu*. Antes dele e pelos mesmos motivos, a Congregação para a Doutrina da Fé do Vaticano havia emitido notificações contra três jesuítas: Jacques Dupuis, em 2001, Roger Haight, em 2004, e Jon Sobrino, em 2006.

Correu um processo contra o teólogo galego, Andrés Torres Queiruga, na Comissão de Doutrina da Fé da Espanha. Segundo a agência de notícias *Religion Digital*, a sua condenação teria estado pronta. E agora, mais recentemente, a Congregação para a Doutrina da Fé abriu um processo contra o livro *Jesus, aproximação histórica*, do teólogo basco José Antonio Pagola, embora a nona edição revisada da obra tenha o *imprimatur* do ex-bispo de São Sebastián, Juan María Uriarte.

A revista *Concilium*, n. 2, de 2012, tratou do tema da relação entre bispos e teólogos, e elencou uma série de processos tocados pela Comissão para a Doutrina da Fé da Conferência Norte-Americana de Bispos contra vários teólogos e teólogas, destacando o conflito com a Sociedade dos Teólogos Católicos da América.

Em 2007, a professora Elizabeth Johnson publicou *Quest for the Living God* [Em busca do Deus vivo]. Quatro anos depois, em março de 2011, a Comissão para a Doutrina da Fé emitiu uma nota em que se afirma que o livro de Johnson estava cheio de "distorções, ambiguidades e erros". Em 2010, a mesma Comissão havia emitido um comunicado que expressava duras críticas sobre o trabalho de dois teólogos norte-americanos, Todd A. Salzman e Michael Lawler, pelo seu livro *The Sexual Person* [A pessoa sexual].

Caso de abusos sexuais na Igreja. Representantes de 110 conferências episcopais e 30 ordens religiosas estiveram reunidos em Roma, de 6 a 9 de fevereiro de 2012, para um simpósio sobre os casos de abusos sexuais na Igreja, chamado de Rumo à Cura e à Renovação. A iniciativa partiu da Universidade Pontifícia Gregoriana, de Roma, e contou com o apoio da Santa Sé, em particular da Congregação da Doutrina da Fé, que em 2011 solicitou aos episcopados católicos de todo o mundo a elaboração de diretivas próprias para tratar os casos de abusos sexuais.

Sem sombra de dúvidas, os casos de abusos sexuais envolvendo os clérigos católicos é o fato que mais contribuiu para aumentar a crise de credibilidade na instituição católica. Durante o simpósio, vários discursos de lideranças eclesiásticas foram enfáticos no sentido de se combater com todas as forças e sem tolerância qualquer caso de abuso sexual no seio da Igreja.

O simpósio também contou com testemunhos de vítimas, tais como o de Marie Collins, agora uma senhora irlandesa de 62 anos. Aos 13 anos, ela foi abusada sexualmente diversas vezes por um sacerdote, o capelão do hospital onde ela estava internada. Ela foi a primeira a falar no simpósio sobre os abusos cometidos por religiosos contra menores.

O promotor de Justiça da Congregação para a Doutrina da Fé, Monsenhor Charles Scicluna, afirmou que "o problema e a grande preocupação são com a Europa, onde emergiram ou estão emergindo muitos casos. Portanto, a Igreja tem a obrigação de cuidar das vítimas de abusos e de ajudá-las em seu percurso de cura, mas, sobretudo, tem a obrigação de denunciar tais crimes às autoridades civis do país em que eles se verificaram". Ele também responsabilizou os bispos e disse: "Precisamos estar vigilantes na escolha dos candidatos para o importante papel de bispo e também precisamos usar as ferramentas que o Direito Canônico e a tradição nos dão para a responsabilização dos bispos".

O Cardeal Marc Ouellet, prefeito da Congregação para os Bispos, em sua homilia, falou da "grande vergonha" e do "enorme escândalo", e definiu como uma "tragédia" esses atos abomináveis que têm como protagonistas sacerdotes e religiosos, um "crime que causa uma autêntica experiência de morte dos inocentes". "Como membros da Igreja devemos ter a coragem de pedir perdão a Deus e aos pequenos que foram feridos".

Falando sobre os Estados Unidos, Michael Bemi e Pat Neal forneceram estimativas que sugerem que a Igreja norte-americana gastou pelo menos 2,2 bilhões dólares pagando litígios relacionados com a crise, e que pode ter havido um total de cerca de 100 mil vítimas de abuso sexual clerical. E rejeitaram o que descreveram como quatro "mitos" sobre a crise, que seriam: 1. A crise é um problema norte-americano; 2. A crise foi exagerada por uma mídia sem Deus que é antagônica a pessoas ou instituições de fé; 3. A crise foi instigada por advogados avarentos, cujo único objetivo é enriquecer financeiramente; 4. A orientação homossexual faz com que os homens sejam criminosos sexuais. "Nem a orientação homossexual nem a heterossexual são um fator de risco", disseram, "mas, sim, a orientação sexual desordenada ou confusa".

Como ato final do simpósio sobre a crise dos abusos sexuais, é lançado um novo Centro de Proteção à Criança, sediado na internet e projetado para formar padres, diáconos e outros membros da Igreja na luta contra o abuso infantil. De acordo com o diácono alemão Hubert Liebhardt, cientista educacional que atua como diretor do novo centro, seu objetivo é "promover uma cultura da vigilância em ambientes católicos".

Embora muito do que foi dito seja familiar às pessoas que têm convivido com a crise na última década, a ideia era compartilhar essa experiência com o restante do mundo católico, especialmente em lugares onde a crise dos abusos sexuais ainda não havia explodido, na esperança de que, por uma vez, as lideranças eclesiais possam desarmar a bomba antes que ela exploda.

É certo também que iniciativas positivas, tais como o Ano Sacerdotal, de junho de 2009 a junho de 2010, ficaram bem ofuscadas por tantos escândalos. Confiram: "Corrupção nas finanças vaticanas. O atual núncio da Santa Sé nos EUA e ex-secretário geral do Governatorato da Cidade do Vaticano – o governo que administra o Estado –, o arcebispo Carlo Maria Viganò, denunciou em uma carta a Bento XVI a 'corrupção e má gestão' na administração vaticana, informou a imprensa italiana nesta quarta-feira, 25 de janeiro. 'Beatíssimo Padre, uma transferência minha provocaria desorientação naqueles que acreditaram que era possível sanar tantas situações de corrupção e de prevaricação há muito tempo enraizadas na gestão das diversas direções' do governo vaticano, escreveu Viganò ao papa.

Em outro trecho da carta afirma: 'Jamais pensaria em me encontrar diante de uma situação tão desastrosa, que, apesar de ser inimaginável, era conhecida por toda a Cúria'".

O arcebispo denunciou, segundo o jornal de Milão, que, no Vaticano, "trabalham sempre as mesmas empresas, com custos dobrados em relação a outras, até porque não existe nenhuma transparência na gestão dos contratos de construção e de engenharia".

Ele também denunciou, entre outras coisas, que a Fábrica de São Pedro, que se encarrega da manutenção dos edifícios vaticanos, apresentou uma conta "astronômica" de 550 mil euros para a construção do tradicional presépio, colocado na Praça de São Pedro em 2009.

Viganò também denunciou que os banqueiros que integram o chamado Comitê de Finanças e Gestão se preocupam mais com os seus interesses "do que com os nossos" e que, em dezembro de 2009, em uma operação financeira "queimaram (perderam) 2,5 milhões de dólares".

O prelado relatou em suas cartas ao papa que, durante a sua gestão, conseguiu que o Vaticano passasse de oito milhões e meio de déficit em 2009 para um lucro de 34,4 milhões em 2010.

Essa questão de falta de transparência na gestão econômica do Vaticano não é nova e está relatada com muitos documentos no livro: *Vaticano S.A – O arquivo secreto que revela escândalos políticos e financeiros da maior instituição religiosa do mundo*, de Gianluigi Nuzzi, da editora Larousse.

Vatileaks

Esses escândalos, publicados nas primeiras páginas dos jornais italianos, levantaram suspeitas fortes de corrupção na gestão do Vaticano, na aplicação da normativa contra a lavagem de dinheiro de seu banco, o Instituto para as Obras de Religião (IOR), e, por fim, sobre um suposto complô contra o papa. Diante disso, o Papa Bento XVI criou uma comissão formada por três cardeais – Julián Herranz, Josef Tomko e Salvatore De Giorgi – para investigar a fuga reiterada de documentos internos. Tais documentos se constituem numa série de cartas confidenciais dirigidas ao Papa Bento XVI sobre temas delicados, como as intrigas do Vaticano ou os escândalos sexuais do padre mexicano Marcial Maciel, amigo do Beato João Paulo II.

No dia 25 de maio de 2012, magistrados do Vaticano acusaram o mordomo do Papa Bento XVI, Paolo Gabriele, de posse ilegal de documentos secretos, depois de terem achado tal material em sua residência. Ele foi detido, mas ninguém, nem mesmo a Santa Sé, acredita que Paolo Gabriele esteja só nessa empreitada. Como correu no Vaticano o boato sobre um possível ataque contra o papa, até o fim de 2012, esse episódio pode estar relacionado com a possível luta interna pelo poder e a aplicação das normas de transparência editadas pelo papa.

Poucos dias antes da detenção de Gabriele, o Banco do Vaticano (IOR) destituiu seu presidente, Ettore Gotti Tedeschi, "por não ter cumprido com as obrigações do cargo" e por despertar "preocupações" pela sua gestão. A imprensa italiana acredita que Tedeschi também tenha deixado vazar documentos oficiais do Vaticano.

Complô contra Bento XVI

Uma nota anônima, datada de 30 de novembro de 2011, foi entregue pelo cardeal colombiano Dario Castrillón Hoyos à Secretaria de Estado do Vaticano e ao secretário do papa nos primeiros dias de janeiro de 2012, com a sugestão de realizar investigações para compreender exatamente o que o arcebispo de Palermo, o Cardeal Paolo Romeo, fez e com quem falou na China. O que foi relatado é a existência de um complô para matar o papa até novembro de 2012.

Sempre circulam lendas sobre conspirações vaticanas, e foram escritos livros e artigos sobre a morte suspeita de João Paulo I. Mas aqui estamos diante de um ineditismo absoluto. Ninguém jamais havia posto o preto no branco sobre a hipótese de um complô para matar o papa. Um complô que poderia se realizar num ano marcado e que está inserido no documento dentro de uma análise inquietante das divisões internas da Igreja.

A nota ainda faz referência a possíveis intrigas entre o Secretário de Estado do Vaticano, o Cardeal Tarcisio Bertone, e parte significativa da Cúria Romana. Afirma que o próprio papa estaria tendo dificuldades de relacionamento com o Cardeal Bertone. Fala ainda da sucessão do papa, apontando que seu candidato é o cardeal de Milão, Angelo Scola, muito próximo do movimento Comunhão e Libertação.

O Papa Ratzinger pensa na renúncia. Essa é a opinião de Dom Luigi Bettazzi, bispo emérito de Ivrea, dada num programa de rádio na Itália. O bispo não acredita que exista um complô para matar o papa, como especulado pela imprensa. "Não, não acredito. Se fosse o papa anterior, eu entenderia, mas este papa aqui me parece muito manso, religioso. Não poderia encontrar os motivos para atacá-lo". Bettazzi, porém, tem outra teoria, de algum modo relacionada com a notícia. "Acho que é um sistema para preparar a eventualidade da renúncia. Para preparar esse choque – porque a renúncia de um papa seria um choque – começam a jogar ali a coisa do complô."

Diante dessa boataria, o Cardeal Walter Kasper, amigo do papa, respondendo a um repórter que lhe perguntava: "O que está acontecendo, eminência?", respondeu: "Veja, eu não sei se são disputas de poder ou outra coisa, e não me interesso por isso. Não está muito claro o que propõem. Talvez se queira prejudicar o Secretário de Estado, atingir outras pessoas também. Certamente, o que está em jogo é a imagem de toda a Igreja. Mesmo que a nota anônima que foi entregue à imprensa esteja fora da realidade, que seja ridícula: todo mundo é consciente disso, é a evidência. Exatamente: além do conteúdo, o problema é que, dentro do Vaticano, há alguém que faz filtrar essas coisas para o exterior... Eu não sei nem nunca soube muito sobre os assuntos internos do Vaticano. Nunca quis saber sobre esses *lobbies*, não me interessam, sou um estrangeiro na Cúria! E eu tentei fazer o meu trabalho. Por isso, sei como o papa se entristece com essas coisas".

Em outro momento da mesma entrevista, diz: "esse episódio também mostra um clima de burocracia interna, um estilo de trabalho que não vai bem. Não em todos, claro. Muitos trabalham pela Igreja. Mas quem faz essas coisas é um irresponsável".

Alberto Melloni, professor de História do Cristianismo da Universidade de Módena-Reggio Emilia e diretor da Fundação João XXIII para as Ciências Religiosas de Bolonha, interrogado sobre os Vatileaks, os relaciona diretamente à perseguição ao Cardeal Bertone: "Me parece um ataque contra o papa por parte daqueles que querem dizer: te equivocaste ao escolher o Secretário de Estado e te equivocaste ao não substituí-lo...".

O livro do jornalista italiano Gianluigi Nuzzi, *Sua Santidade. Os papéis secretos de Bento XVI*, traz correspondência privada interna, do Papa Bento. O mesmo jornalista já tinha publicado *Vaticano S.A.,* onde aparecem dados também internos sobre a questão financeira do Vaticano.

Lefebvrianos: não ao acordo com o Vaticano

Depois de dois anos de Bento XVI ter retirado a excomunhão dos quatro bispos lefebvrianos, como um "convite à reconciliação" com relação aos cismáticos, verifica-se total insensibilidade da parte deles. A Santa Sé chegou até a oferecer aos lefebvrianos a possibilidade de se tornarem uma prelazia como o Opus Dei. Mas a fraternidade, por seu lado, não concedeu nada, e as negociações se romperam no ponto onde haviam começado: na aceitação do Concílio Vaticano II e do magistério posterior dos papas. Mas um sinal decisivo foi, no *L'Osservatore Romano* do dia 2 de dezembro de 2011, o artigo de Dom Fernando Ocáriz, que faz parte da delegação vaticana para as negociações e é o vigário-geral do Opus Dei: "A intenção pastoral do Concílio não significa que ele não seja doutrinal", escreveu. "Uma característica essencial do Magistério é a sua continuidade e homogeneidade no tempo."

O concílio, enfim, é vinculante e não é possível ir contra o Magistério dos papas, incluindo os posteriores. E aqui está a questão: Fellay contesta e "critica" a "interpretação" que o catecismo dá ao concílio. E diz sarcasticamente que "eles", ou seja, o Vaticano, "atribuem outro significado ao termo 'tradição' e também, talvez, ao termo 'coerência'".

"Somos obrigados a dizer 'não'. Não assinaremos." As frases de Dom Bernard Fellay, superior dos lefebvrianos, podem não ser a última palavra, no tira-teima com a Santa Sé. Mas, no mínimo, significam que as negociações acabaram em um beco sem saída.

Apelo à desobediência. Manifesto de párocos austríacos

Cresce o número de descontentes com os rumos da instituição católica. Se, por um lado, os lefebvrianos recusam assumir as condições do Vaticano para voltarem à comunhão, por motivos de fidelidade aos valores da tradição, por outro, há quem faça apelo à desobediência exatamente pelo imobilismo da atual cúpula eclesiástica, nos seguintes termos: "A recusa de Roma a uma reforma da Igreja há muito esperada e a inatividade dos nossos bispos não só nos permitem, mas também nos obrigam a seguir a nossa consciência e a agir de forma independente". Com essa introdução, cerca de 400 padres austríacos lançaram, em junho de 2011, um manifesto intitulado "Apelo à Desobediência".

Expansão do movimento

O movimento do Apelo à Desobediência, nascido na Áustria, se expandiu pela Irlanda, Alemanha, França e Eslováquia. Com simpatizantes na América Latina, EUA e Austrália. Em seu blog: <Sapafrance.canalblog.com> (2/02/2012), os padres da diocese de Rouen, na França, não só assumiram o manifesto dos seus colegas austríacos como acrescentaram, a seu modo, alguns pontos que batizaram de: "Por uma verdadeira obediência ao Evangelho". Começam assim: "Aprovamos o texto do Apelo à Desobediência. Acrescentamos que queremos uma Igreja que esteja à escuta das necessidades e das expectativas dos homens de hoje, uma Igreja solidária com os pobres e os excluídos".

Renúncia de Bento XVI

Com tantos dados, atribuir somente à debilidade física a causa da renúncia seria um ato profundamente ingênuo, que nem mesmo o Papa Bento admitiu, pois, junto com ela, ele disse que se sentia também fraco espiritualmente para continuar governando a Igreja. Além disso, é preciso ser claro e transparente nesse assunto, pois se corre o risco de uma tremenda hermenêutica hipócrita nas análises das duas maneiras de deixar o poder dos últimos dois papas. Quando o Papa João Paulo II deixou o mundo todo angustiado com sua enfermidade, arrastando-se no poder, desenvolveu-se toda uma teologia dolorista para justificar sua opção; quando o Papa Bento XVI renunciou, faz-se uma leitura de um verdadeiro ato de *parresia* ($\pi\alpha\varrho\varrho\eta\sigma\acuteı\alpha$), de coragem e de humildade. Os dois tiveram interpretações distintas do exercício do cargo. Hoje, agradecemos ao Papa Bento XVI, pois, com sua renúncia, trouxe a figura papal para o rol dos homens normais. Numa palavra, dessacralizou o papado e nos possibilitou ver o lado humano desta figura mitizada por tantos.

Questões disputadas: reforma da Cúria, nunciaturas, celibato, acesso à Eucaristia

Tendo esses pontos como moldura, vislumbramos um quadro com muitas questões internas que se arrastam dentro da instituição há séculos e outras com pelo menos 50 anos de expectativas criadas pelo Concílio Vaticano II, causando um enorme mal-estar em inúmeros católicos e provocando o afastamento de tantos outros.

Podem-se elencar essas questões, mesmo correndo-se o risco de colocá-las todas num mesmo nível, embora sejam de naturezas distintas e de importância também diferente. A primeira insatisfação bastante generalizada é a formação da Cúria Romana. Cresce o consenso de que ela necessita de uma reforma urgente e bastante profunda. É grande a insatisfação do episcopado do mundo inteiro com o tratamento que suas Igrejas recebem dos dicastérios romanos. Burocrático, frio, inoperante e até sem polidez alguma. Some-se a essa questão o relacionamento entre nunciaturas e Igrejas locais. Se o reconhecimento das Conferências Episcopais tivesse tido continuidade, no prisma da colegialidade, talvez as nunciaturas pudessem mesmo ser extintas. O trabalho diplomático e, sobretudo, o processo de escolha dos bispos podiam ser assumidos pelas conferências. Além de estreitar o relacionamento das Igrejas locais com o papa e os dicastérios romanos, teria um efeito fantástico na economia do Vaticano.

As questões de ordem moral carecem de um enfrentamento mais transparente e dialogal. Mesmo com todo o escândalo da pedofilia, que atingiu até figuras cardinalícias, o assunto segue sendo um tabu na instituição. O tema do controle da natalidade, da reprodução *in vitro*, da união de pessoas do mesmo sexo e outros também estão na lista de espera para um debate profundo e sério, que redunde num posicionamento corajoso e mais realista.

O acesso à comunhão eucarística de pessoas casadas em segunda união é outra questão que precisaria ser enfrentada de forma mais matizada. Não dá para generalizar que todos os casais de segunda união são mal-intencionados ou foram irresponsáveis. Há situações bastante diferenciadas. Será que os pastores locais não seriam capazes de discernir esse assunto? Se admitirmos que não, é preciso então rever todo o processo de formação deles.

Outro tema que clama aos céus é o da falta de cumprimento do direito que o povo cristão tem de poder receber a Eucaristia com regularidade. A ligação que se fez entre celibato e Eucaristia tem impedido, inúmeras vezes, que o direito do povo, garantido pelo Direito Canônico, seja cumprido. Não é preciso fazer nenhuma revolução contra o celibato, que deverá continuar como um carisma significativo na Igreja, mas poderíamos conviver com outras maneiras de vivenciar o ministério presbiteral que favorecesse o acesso de tantos e tantas à Eucaristia com maior frequência.

O jeito como se administra a situação de presbíteros casados e diáconos permanentes viúvos tem implicações sérias na concepção do sacramento do Matrimônio (cf. Cân. 1087). Os primeiros são tratados na Igreja como cristãos de segunda, abaixo de qualquer outro leigo, como se a opção pelo sacramento do Matrimônio tivesse sido um grande pecado do presbítero; os segundos, com a proibição de contraírem novas núpcias, depois da viuvez, faz parecer que são incapazes de combinar o ministério com a vida matrimonial.

Sem querer esgotar os temas eclesiais mais candentes, que estão aguardando uma tratativa real e transparente da parte da instituição católica, não se pode deixar de elencar a questão da mulher. Historicamente, são as mulheres que sustentam a Igreja nas bases e não há argumento teológico consistente que justifique o seu alijamento das decisões ordinárias da instituição. Uma real participação no governo da Igreja é plenamente possível e depende realmente da vontade de quem governa a instituição.

Sem sombra de dúvidas, um dos limites institucionais mais difíceis de ser removido será a influência de alguns movimentos que se empoderaram exacerbadamente nos pontificados de João Paulo II e Bento XVI. Tais movimentos foram até colocados em suspeita, como possíveis aliados da boataria que provocou a renúncia de Bento XVI. Vejamos como o Papa Francisco se relacionará com esses movimentos e será capaz de enquadrá-los numa nova disciplina eclesiástica.

Revolução ou reforma

Diante da herança recebida, com questões tão complexas, seculares e outras mais recentes, é preciso exercitar a paciência histórica no aguardo por decisões concretas. Por outro lado, o Papa Francisco precisa aproveitar essa fase de enamoramento midiático e tomar algumas decisões mais urgentes, porque a demora excessiva poderá acomodar uma vez mais as forças conservadoras no interior da Igreja. O risco que se corre é que toda essa bolha midiática em torno ao novo papa favoreça uma vez mais que a instituição empurre para debaixo do tapete as verdadeiras questões que aguardam soluções.

O passado do Papa Francisco é tema também disputado. Há quem o veja como conivente com os comandantes dos anos de chumbo argentino, ou pelo menos omisso em momentos em que os direitos humanos eram fragorosamente desrespeitados pelas Forças Armadas argentinas, sendo na época provincial jesuíta. Como bispo auxiliar e arcebispo, depois feito cardeal de Buenos Aires, Jorge Maria Bergoglio combinou a maneira simples de viver, bem próxima do povo, com um silêncio em relação ao processo de condenação dos culpados pelas atrocidades do período militar. Fez oposição ao governo dos Kirchner, favorecendo a articulação da ala política mais conservadora de seu país.

Com seus primeiros gestos e palavras, como papa, alimenta uma esperança de que sua proximidade ao povo simples e pobre poderá indicar mudanças mais substanciosas na instituição, rumo a uma vivência mais evangélica. Porém, são apenas indicações que precisarão vir acompanhadas de atos concretos e medidas eficazes.

Conclusão: crise de credibilidade

A instituição católica pode até querer usar a velha tática conhecida do deixar o tempo passar, mas terá de conviver com a crescente espiral da crise de sua credibilidade, diante do mundo globalizado em que as notícias circulam na velocidade da luz. Na expressão de Piero Cappelli, o que estamos vendo é um verdadeiro "cisma silencioso": "gradual afastamento, em variadas formas e tempos, do povo católico – como indivíduos e como partes deste –, do endereçamento pastoral dos bispos e do papa". O momento atual se torna profundamente delicado quando se juntam duas linhas de escândalos do Vaticano: a moral sexual e a questão das finanças. O Instituto para as Obras de Religião (IOR/Banco do Vaticano) se transformou numa "lavanderia de dinheiro, utilizada pela máfia e por inescrupulosos aventureiros políticos", como denominou o jornalista e escritor italiano Gianluigi Nuzzi, e se constituiu num real paraíso fiscal.

No momento atual, o Papa Francisco tem conseguido mudar o foco, deixando essas questões meio em banho-maria. Por quanto tempo conseguirá viver com essa estratégia? Qual o tamanho do fôlego e da paciência histórica dos que já estão cansados de aguardar medidas mais definitivas?

Tudo o que aqui está relatado é de amplo conhecimento, pois são notícias que circularam o mundo todo. Até agora as medidas tomadas para sanar os escândalos e buscar transparência na gestão da instituição católica deixam muito a desejar. Como várias das situações aqui expressas se arrastam há séculos, elas se constituem nos limites históricos e institucionais para qualquer reforma ou revolução na Igreja. Quanto aos limites pessoais do Papa Francisco, embora seu passado provoque controvérsias, é possível que sua proximidade com o povo o faça um homem profundamente sensível às reais causas que afetam as bases da Igreja e não o limite aos jogos hierárquicos.

Resta-nos a certeza de saber que a verdadeira Igreja de Jesus Cristo seguirá seu rumo, mesmo que em catacumbas, orientada pelo Espírito Santo, que em momento algum da história abandonou o Povo de Deus.

O amor fraterno é o testemunho mais próximo que nós podemos dar de que Jesus está vivo conosco, que Jesus ressuscitou.

OS POBRES E A POBREZA COMO CARISMA FUNDANTE DA IGREJA DE JESUS

Francisco de Aquino Jr.

O nome, alguns gestos e algumas atitudes do novo bispo de Roma parecem apontar para uma nova primavera eclesial, cuja característica mais importante é a simplicidade e o compromisso com os pobres, excluídos e sofredores deste mundo.

Na verdade, o nome "Francisco" é sinônimo de pobreza e compromisso com os pobres. "Francisco" é um programa de vida e de ministério, um modo de viver a vida e exercer o ministério: simplicidade e serviço a todos, mas, sobretudo e em primeiro lugar, aos pobres e sofredores. Não por acaso a imagem do novo bispo de Roma tem sido associada constantemente à simplicidade e aos pobres: "é um papa simples, humilde e que gosta dos pobres – diferentemente de nosso pároco", dizia uma mulher simples de uma paróquia no interior do Ceará.

Nessa direção vão os discursos e algumas atitudes do Papa Francisco. Isso é o que tem sido destacado pela mídia e o que tem chamado a atenção de muitas pessoas no mundo inteiro. E, paradoxalmente, esse é também o motivo do pouco entusiasmo, de certas reservas e até de críticas por parte de pessoas e grupos tradicionalistas ("colecionadores de antiguidades", diria o papa) e/ou afeitos ao poder e à estética palaciana – também nas liturgias...

Tudo isso parece sinal de uma nova primavera eclesial (I); uma primavera regada e alimentada pelas fontes mais puras e cristalinas da fé e da tradição cristãs (II); revigorando na Igreja sua vocação e seu carisma fundamentais de serviço e compromisso com os pobres deste mundo (III).

Uma nova primavera eclesial!?

A renúncia de Bento XVI e a eleição de Francisco como bispo de Roma marcam um momento novo na vida da Igreja, seja pelo que têm de inesperado, de ruptura, seja pelo que revelam de crise e pelo novo que criam e possibilitam.

1. Por mais que ele já tivesse acenado para essa possibilidade, a renúncia de Bento XVI pegou todo mundo de surpresa. E acabou criando um fato eclesial extremamente importante, cujas consequências ainda não se podem prever completamente. Mas seus efeitos já se fazem sentir.

Em primeiro lugar, ajudou a recordar que o papa é o bispo de Roma e que o exercício desse ministério não tem por que ser vitalício. Roma, agora, tem um bispo emérito. Certamente, isso está dentro da normalidade do direito eclesial e, em princípio, não deveria ter nada de extraordinário. Mas o fato de em quase 600 anos nenhum bispo de Roma ter renunciado ao ministério e, também, de a grande maioria dos fiéis ver o papa como uma espécie de bispo universal e não como o bispo de uma Igreja particular que "preside na caridade" o colégio dos bispos, torna isso extremamente relevante.

Em segundo lugar, a renúncia se deu num contexto de escândalos que envolveram suspeita de lavagem de dinheiro no Banco do Vaticano e vazamento de documentos secretos que apontam casos de corrupção em negócios do Vaticano e detalham rivalidades entre cardeais e conflitos a respeito da administração do Banco do Vaticano.

Tudo isso repercutiu nas leituras sobre os motivos da renúncia, na eleição do novo papa e no clima favorável a uma reforma na Cúria Romana. E não deixa de ser um fato político importante e relevante. Com sua renúncia, Bento XVI abre ou antecipa a possibilidade de uma reforma (oxalá, profunda!) na Cúria Romana.

Em terceiro lugar, essa renúncia acabou provocando um grande debate público sobre a situação atual e sobre o futuro da Igreja Católica. Vieram à tona os escândalos de pedofilia, corrupção e disputas de poder na Cúria Romana. Retomou-se o debate interrompido e/ou silenciado nas últimas décadas em torno de questões que dizem respeito à organização e às relações de poder dentro da Igreja (povo de Deus – ministério ordenado; colegialidade episcopal; primado do bispo de Roma; lugar/papel da mulher; Vaticano *versus* Cúria Romana etc.), à sexualidade (controle de natalidade, preservativos, homossexualidade etc.), à relação com as outras Igrejas cristãs e com as outras religiões, o diálogo com os mais diferentes grupos e as mais diferentes posições em torno da vida coletiva em uma sociedade plural, o compromisso efetivo na luta contra a injustiça e pela garantia dos direitos dos pobres e excluídos, a construção da paz etc. De repente, tudo isso ganha enorme repercussão e nova atualidade e constitui uma grande oportunidade para retomar o diálogo sobre a identidade e a missão da Igreja no mundo, iniciado no Concílio Vaticano II, freado e mesmo interrompido nas últimas décadas.

2. Também a eleição do cardeal argentino Jorge Mario Bergoglio como novo bispo de Roma foi uma grande surpresa. E não tanto pelo fato de não estar entre os mais cotados ao papado nas especulações que antecederam o conclave. Nem mesmo pelo fato de ser um latino-americano e um jesuíta (na América Latina e na Companhia de Jesus tem de tudo – do melhor ao pior...). Isso é detalhe, por mais que os detalhes tenham sua importância. A surpresa maior aparece mesmo em alguns gestos e atitudes que apontam e antecipam uma novidade no exercício do ministério do bispo de Roma.

Antes de tudo, ele se apresenta como o bispo de Roma: "Vós sabeis que o dever do conclave era dar um bispo a Roma. Parece que os meus irmãos cardeais foram buscá-lo quase no fim do mundo... Eis-me aqui! Agradeço-vos o acolhimento: a comunidade diocesana de Roma tem o seu bispo". E como bispo de Roma é que "preside na caridade" a unidade das Igrejas: "Agora iniciamos este caminho, bispo e povo... este caminho da Igreja de Roma, que é aquela que preside todas as Igrejas na caridade".

Repetidamente, ele tem se apresentado assim: como bispo de Roma. Isso é extremamente importante para a colegialidade episcopal e para a unidade das Igrejas cristãs, além de estar em profunda sintonia com a eclesiologia do Vaticano II, por mais que venha provocando desconcerto e reações em alguns setores da Igreja. O papa não é um bispo universal – uma espécie de superbispo. É o bispo da Igreja particular de Roma e, enquanto tal, preside o colégio dos bispos, sendo sinal visível da unidade da Igreja.

Além do mais, tem se mostrado uma pessoa simples e próxima do povo. É uma das coisas que mais tem cativado e chamado atenção das pessoas. Uma das primeiras notícias que se espalhou a seu respeito é que costumava andar de transporte público, fazer sua própria comida e visitar as favelas. E como bispo de Roma tem se apresentado de maneira austera e pouco pomposa: sem mozeta e sem sapato vermelho, com cruz de ferro e anel de prata (não de ouro!), inclinando-se para o povo e pedindo oração, substituindo o trono por cadeira simples, residindo na casa Santa Marta (e não no Palácio Apostólico!), austeridade litúrgica etc. Sem falar na quebra de protocolos e de formalidades na relação com as pessoas. Seja com os cardeais (viajando no mesmo ônibus, usando o mesmo elevador etc.), seja com a multidão (desejando boa-noite e bom almoço, papa-móvel aberto, contato com as pessoas etc.). Pequenos sinais, verdade, mas significativos e indicativos. Oxalá o bispo de Roma se pareça mais com um "pescador" que com um "rei" ou "imperador" e se torne uma pessoa acessível ao povo simples e não apenas aos chefes de Estado e às cúpulas eclesiásticas...

Mas o que mais impressiona e o que parece ser a novidade maior no ministério do novo bispo de Roma é sua preocupação com os pobres, sua insistência na centralidade dos pobres na vida e missão da Igreja. Não por acaso escolheu como nome "Francisco". E em referência a Francisco de Assis, como ele mesmo explicou no encontro com os jornalistas no dia 16 de março. Logo que foi eleito, Dom Cláudio Hummes o abraçou, beijou-o e disse-lhe: "Não te esqueças dos pobres". Essa palavra, diz o papa, ficou gravada na sua mente: "os pobres, os pobres". E explica: "Logo depois, associando com os pobres, pensei em Francisco de Assis. Em seguida pensei nas guerras... E Francisco é o homem da paz. E assim surgiu o nome no meu coração; Francisco de Assis. Para mim é o homem da pobreza, o homem da paz, o homem que ama e preserva a criação... "Ah, como eu queria uma Igreja pobre e para os pobres!"

Na missa inaugural de seu ministério, na festa de São José, falando do poder/serviço confiado a Pedro, afirma que o bispo de Roma "deve abrir os braços para guardar todo o Povo de Deus e acolher, com afeto e ternura, a humanidade inteira, especialmente os mais pobres, os mais fracos, os mais pequeninos, aqueles que Mateus descreve no juízo final sobre a caridade: quem tem fome, sede, é estrangeiro, está nu, doente, na prisão" (cf. Mt 25,31-46).

Na missa de domingo de Ramos, falando sobre a entrada messiânica de Jesus em Jerusalém, lembra que "Jesus despertou tantas esperanças no coração, especialmente das pessoas humildes, simples, pobres, abandonadas, pessoas que não contam aos olhos do mundo. Soube compreender as misérias humanas, mostrou o rosto misericordioso de Deus e inclinou-se para curar o corpo e a alma. Assim é Jesus...".

Na missa do Crisma, falando do ministério presbiteral a partir do Servo de Javé e de Jesus Cristo, recorda que "a unção recebida destina-se ao povo fiel, de quem são servidores; a sua unção 'é para' os pobres, os presos, os oprimidos [...] O Senhor dirá claramente que a sua unção é para os pobres, os presos, os doentes e quantos estão tristes e abandonados. A unção [...] não é para nos perfumar a nós mesmos, e menos ainda para que a conservemos num frasco, pois o óleo tornar-se-ia rançoso... e o coração amargo [...] É preciso chegar a experimentar assim a nossa unção, com o seu poder e a sua eficácia redentora: nas 'periferias', onde não falta sofrimento, há sangue derramado, há cegueira que quer ver, há prisioneiros de tantos patrões maus". Não menos significativa (e surpreendente!) foi a decisão de iniciar a celebração do tríduo pascal em uma casa de recuperação de menores e não em uma catedral... Aí, lavou e beijou os pés de encarcerados (de diferentes nacionalidades e religiões) e celebrou com eles a Eucaristia...

Tudo isso, associado à figura de Francisco de Assis, vai dando uma nova imagem e um novo rumo ao exercício do ministério do bispo de Roma em sua missão de "presidir na caridade" a unidade das Igrejas. Tem "cheiro" de Evangelho e é sinal de uma nova "primavera" eclesial; primavera regada pelas fontes mais puras do

Evangelho e que nos aproxima de novo das fontes: Jesus, o Reino e os pobres...

De volta às fontes: Jesus, o Reino e os pobres

Francisco de Assis representa um dos movimentos mais importantes de "reconstrução" ou "restauração" da Igreja. Ele nos devolve o Evangelho de Jesus Cristo em sua pureza e "sem glosa"... E, devolvendo-nos o Evangelho, devolve-nos aos pobres deste mundo. Essa é a característica mais importante da restauração da Igreja por Francisco: volta ao Evangelho de Jesus Cristo e aos pobres deste mundo.

Ao tomar o santo de Assis (o santo dos pobres, da paz, da criação) como referência de seu ministério, o novo bispo de Roma aponta para uma reconstrução da Igreja a partir do Evangelho de Jesus Cristo e dos pobres deste mundo.

Na verdade, Jesus, o Reino e os pobres são inseparáveis. Os estudos bíblicos e cristológicos das últimas décadas têm mostrado de modo cada vez mais consensual que não se pode falar de Jesus Cristo senão a partir e em função do reinado de Deus e que no centro do reinado de Deus está a justiça aos pobres e oprimidos deste mundo.

Por um lado, Jesus e o Reino são inseparáveis. Como bem afirma o teólogo alemão Walter Kasper, "Jesus não se anunciou a si mesmo, mas a Deus e seu reinado"; "o centro da mensagem de Jesus e o verdadeiro conteúdo de sua existência é o reinado de Deus". Em Jesus Cristo "sua mensagem e sua pessoa se correspondem": "ele compreende sua vida completamente como obediência ao Pai e como serviço aos irmãos" e, desse modo, "ele é em sua pessoa a forma de existência do reinado de amor de Deus". Já Orígenes falava de Jesus como *autobasileia*, isto é, o reinado de Deus em pessoa. Por essa razão não se pode falar de Jesus sem falar do reinado de Deus, nem se pode seguir a Jesus sem se entregar à causa do Reino.

Por outro lado, o reinado de Deus tem a ver fundamentalmente com a justiça ao pobre, ao órfão, à viúva e ao estrangeiro – símbolo dos marginalizados de todos os tempos. Joachim Jeremias, exegeta alemão, por exemplo, afirma que "o tema central da proclamação pública de Jesus foi o reinado de Deus" e que "seu traço decisivo" consiste na "oferta de salvação feita por Jesus aos pobres". Nesse sentido, chega a afirmar de modo chocante ou mesmo escandaloso que o reinado de Deus "pertence *unicamente aos pobres*".

E Jacques Dupont, exegeta belga, na mesma direção, afirma que nos Evangelhos "os pobres são vistos como os beneficiários privilegiados do Reino de Deus" e que esse privilégio "deve ser procurado, não por uma análise gratuita da psicologia dos próprios pobres, mas no conteúdo da boa-nova que lhe é anunciada". A Boa Notícia do reinado de Deus só pode ser compreendida em referência ao "ideal régio" do antigo Oriente Próximo, no qual "o rei, por sua própria missão, é o defensor daqueles que não são capazes de se defender por si mesmos"; "ele é o protetor do pobre, da viúva, do órfão e do oprimido". Nesse sentido, diz Dupont, "poder-se-á compreender perfeitamente que o anúncio do advento do Reino de Deus constitui uma Boa-Nova, precisamente para os pobres e para os desgraçados".

Este é um dos traços mais fundamentais da experiência bíblica de Deus, que atinge sua plenitude em Jesus Cristo. Se existe algo que não se pode negar nem ofuscar na Sagrada Escritura é a centralidade dos pobres e oprimidos na história da salvação. Deus aparece (revelação) como *Go'el* que resgata seus parentes da escravidão, como *Rei* que faz justiça aos pobres e oprimidos, como *Pastor* que apascenta suas ovelhas e as protege dos lobos, como *Pai* que cuida de seus filhos e os socorre em suas necessidades. E a relação com ele (fé) passa sempre pela observância e defesa do direito do pobre e oprimido, pela proximidade ao caído à beira do caminho. Todas as imagens ou metáforas que a Escritura usa para falar da ação e interação entre Deus e seu povo (*Go'el*, Rei, Pastor, Pai etc.) revelam a centralidade dos pobres e oprimidos, expressos no quarteto "pobre-órfão-viúva--estrangeiro". E tanto nas Escrituras hebraicas (AT) quanto nas Escrituras cristãs (NT). De modo que a salvação dos pobres e oprimidos constitui o coração da história de Deus com seu povo.

Ao se constituir em "povo de Deus", "corpo de Cristo", "templo do Espírito" na história – "sinal e instrumento" da salvação no mundo (LG 1) –, a Igreja também se elege como "Igreja dos pobres", para usar a expressão do bom e santo Papa João XXIII, retomada pelo Papa Francisco.

"Igreja pobre e dos pobres"

A expressão "Igreja dos pobres" é relativamente recente. Foi usada pelo Papa João XXIII, pelo grupo que, no Concílio Vaticano II, ficou conhecido por esse mesmo nome, pela Conferência de Medellín e, sobretudo, pela Teologia da Libertação.

No dia 11 de setembro de 1962, um mês antes da abertura do Concílio Vaticano II, o Papa João XXIII enviou uma mensagem ao mundo. Nela, o papa fala de Jesus como "luz" e da missão da Igreja de "irradiar" essa luz no mundo; fala dos "graves problemas" do mundo atual e da preocupação e responsabilidade da Igreja com esses problemas; e fala da contribuição que o Concílio poderia oferecer para a solução deles – contribuição fundada "na dignidade do ser humano e em sua vocação cristã". E, aqui, passa a indicar alguns pontos importantes: a igualdade de todos os povos no exercício dos seus direitos e deveres, a defesa da família e a responsabilidade social. Neste contexto, João XXIII acrescentou o que considera "outro ponto luminoso": "Pensando nos países subdesenvolvidos, a Igreja se apresenta e quer realmente ser a Igreja de todos, em particular, a Igreja dos pobres".

A afirmação do papa teve muita repercussão em um grupo de bispos que ficou conhecido como "Igreja dos pobres" e que no final do concílio assumiu um compromisso com a pobreza e o serviço aos pobres, firmando o chamado "Pacto das Catacumbas". Entre eles estavam dois cearenses: um de nascimento (Dom Helder Camara) e um de missão (Dom Fragoso). Esses bispos trabalharam muito para que os pobres recuperassem na Igreja o lugar central que tinham na vida e missão de Jesus: "É nosso dever colocar no centro deste concílio o mistério de Cristo nos pobres e a evangelização dos pobres" (Cardeal Lercaro de Bolonha); "O primeiro lugar na Igreja é reservado aos pobres" (Charles-Marie Himmer, bispo de Tournai).

Apesar da importância e da repercussão desse grupo, ele não alcançou o que esperava do concílio: que a Igreja que é *de todos*, fosse, sobretudo, *dos pobres*. Talvez fosse muito para um concílio dominado pelas Igrejas do primeiro mundo, Igrejas inseridas no mundo da riqueza e, em grande medida, aliadas aos ricos e poderosos... Mas a semente foi lançada...

Três anos depois, na Conferência do Episcopado Latino-Americano, em Medellín (1968), a semente germinou e começou e crescer e produzir muitos frutos. Nascia uma Igreja profética, pobre e comprometida com os pobres; Igreja de todos, mas, sobretudo, Igreja dos pobres; Igreja da libertação. Sua característica mais importante foi e continua sendo o que se convencionou chamar *opção preferencial pelos pobres*.

Aos poucos a Igreja foi *re*-descobrindo e *re*-assumindo algo que era fundamental e central na vida e na missão de Jesus, algo que nunca se perdeu completamente na vida da Igreja, mas que tinha perdido centralidade e relevância em uma Igreja seduzida pelo poder e pela riqueza, tantas vezes aliada dos ricos e poderosos. Uma parcela cada vez maior da Igreja (do simples fiel e da liderança comunitária a religiosos, presbíteros, bispos; de pessoas isoladas a comunidades, paróquias, dioceses e até conferências episcopais) passa a assumir, por causa do Evangelho de Jesus Cristo, a causa dos pobres e oprimidos.

E de muitas formas: defendendo seus direitos, denunciando as injustiças que se cometem contra eles, criando pastorais e organismos de serviço a eles, apoiando e até participando de suas lutas e organizações. Muitos chegaram a ser perseguidos, caluniados, torturados e até martirizados por causa dos pobres. São mártires da justiça do Reino de Deus, mártires dos pobres – como Jesus!

E não poderia ser diferente, pelo menos do ponto de vista evangélico. Na medida em que a Igreja é a comunidade dos seguidores e seguidoras de Jesus Cristo e na medida em que no centro da vida e missão de Jesus Cristo está o reinado de Deus, cuja característica mais central e decisiva é a garantia dos direitos dos pobres e oprimidos, a Igreja se constitui em "Igreja dos pobres". O ser "dos pobres" aparece, aqui, como um aspecto "essencial e primordial" do "mistério de Cristo na Igreja" (Cardeal Lercado), um dos "traços" essenciais da Igreja (Marie-Dominique Chenu), "uma nota constitutiva e configurativa de toda a Igreja" (Ignacio Ellacuría), uma dimensão "essencial da 'verdade' da Igreja" (Álvaro Barreiro).

Trata-se, portanto, de uma questão dogmática, de uma verdade fundamental da revelação e da fé cristãs, de uma questão de ortopráxis eclesial e de ortodoxia teológica, sem a qual uma "igreja" pode ser tudo, menos Igreja de Jesus Cristo. A Igreja que é e deve ser sempre mais *una*, *santa*, *católica* e *apostólica* (Concílio de Constantinopla, em 381), é e deve ser sempre mais *dos pobres* (João XXIII). Essa nota é tão essencial e fundamental na Igreja quanto as demais, e é tão antiga quanto elas, ainda que sua formulação em termos dogmáticos seja recente.

Certamente, o ser *dos pobres* não esgota a realidade da Igreja. Afinal, a Igreja que é *dos pobres* é também e sempre *una*, *santa*, *católica* e *apostólica*, para usar a formulação do símbolo niceno-constantinopolitano. Mas essa é uma de suas notas constitutivas e essenciais. Sem ela, a Igreja deixa de ser Igreja de Jesus Cristo – seu corpo vivo e atuante na história. "Justamente porque a 'opção' preferencial pelos pobres' pertence ao coração mesmo do Evangelho de Jesus Cristo, quando um 'cristão' [ou uma comunidade] não a assume conscientemente na sua vida, procurando vivê-la com maior fidelidade, e mais ainda quando de fato se opõe a ela, quaisquer que sejam as razões aduzidas, ele [ela] deixa *ipso facto* de ser cristão [cristã], pois coloca-se em contradição frontal com o Evangelho do Reino proclamado por Jesus e com a mesma pessoa de Jesus que é, na expressão de Orígenes, a *autobasileia*, o Reino em pessoa" (Álvaro Barreiro).

De modo que o sonho do Papa Francisco com "uma Igreja pobre e para os pobres" é profundamente evangélico. Constitui o coração mesmo do Evangelho do Reino, anunciado e realizado por Jesus Cristo. Ao propor e se comprometer com "uma Igreja pobre e para os pobres", o novo bispo de Roma nos remete às fontes de nossa fé (Jesus e o Evangelho do Reino) e nos ajuda a retomar o Caminho de Jesus (servo de todos, mas, sobretudo, dos pobres, oprimidos e fracos); devolve-nos o Evangelho do Reino e, assim, devolve-nos aos pobres deste mundo. Ajuda toda a Igreja a redescobrir e assumir de modo consequente e radical que a Igreja de Jesus Cristo é e deve ser "uma Igreja pobre e para os pobres". Não há forma mais evangélica de "presidir na caridade" a unidade das Igrejas...

Conclusão

Ao tomar Francisco de Assis como referência de seu ministério, o novo bispo de Roma aponta para uma reforma profunda na Igreja. Uma reforma fundada no Evangelho de Jesus Cristo, que é o Evangelho do Reino, cuja característica mais fundamental é a justiça aos pobres, oprimidos e fracos. Desta forma, remete-nos às origens de nossa fé e nos ajuda a retomar o caminho de Jesus.

Ainda é muito cedo para se prever o alcance dessa reforma. Em todo o caso, está sendo sinalizada nos discursos e em muitos gestos do Papa Francisco. Resta-nos confiar na ação do Espírito Santo (que é o Espírito de Jesus de Nazaré!) e entrarmos no seu dinamismo salvífico, não esquecendo, como lembrava o próprio papa em sua primeira saudação, que essa missão não é algo exclusivo do bispo, mas tarefa de todo o Povo de Deus: "E agora iniciamos este caminho, bispo e povo... este caminho da Igreja de Roma, que é aquela que preside todas as Igrejas na caridade".

Que o testemunho de Francisco de Assis ajude o bispo e a Igreja de Roma, que "presidem na caridade" a unidade das Igrejas, a se tornarem cada vez mais "pobres e para os pobres". E que eles ajudem toda a Igreja, todas as Igrejas a redescobrirem e assumirem de modo consequente (em suas preocupações e em suas prioridades e estruturas pastorais) sua vocação e seu carisma fundamentais de pobreza e de serviço aos pobres. Que nossa Igreja seja sempre mais a Igreja de Jesus Cristo e, assim, uma Igreja "pobre e para os pobres".

UMA REFORMA EVANGÉLICA NA PLENA FIDELIDADE CRIATIVA AO VATICANO II

Carlos Josaphat

Mesmo aqueles que andavam ressentidos com umas tantas posições do Magistério eclesiástico no campo da moral mostram-se cativados pela figura e atitude místicas do Papa Francisco. Mas a hora de enfrentar desafios cruciais vai chegando, no forte sentido etimológico da cruz a acolher e carregar na coragem e lucidez.

Desentendimentos e conflitos vêm impedindo a Igreja de indicar rumos e até de estender espaços para um diálogo amigo com a humanidade pós-moderna. E a crise leva um velho lutador, como o predecessor de Francisco, a se declarar definitivamente nocauteado. É verdade que sempre tinha apostado em outro feitio de encarar os problemas e tendências da modernidade. É significativo que alguém que se afirmara como valoroso Prefeito do antigo Santo Ofício se tenha visto desamparado ou bem pouco apoiado por uma Cúria que guarda os traços antiquados de uma corte.

Dos apetrechos da corte papal, Francisco se desfaz com jeito e até com elegante naturalidade. Mas libertar-se e libertar a Igreja das engrenagens do poder e dos poderosos, romper os laços de uma moral autoritária e asfixiante, está aí o supremo desafio. Ele toca o essencial, a própria missão confiada à Igreja: indicar à humanidade os rumos teológicos e éticos de sua caminhada, de seu destino histórico e transcendente.

É urgente reconhecer que a atitude primeira reclamada da Igreja é a sua própria conversão. Pois sua missão evangélica se tornou e continua inviável em razão de a cristandade ter optado pelo ortodoxismo e pela prática constante e generalizada do poder absoluto e concentrado. Tal foi o diagnóstico corajoso e radical do Concílio Vaticano II, que confiou então à Igreja pós-conciliar a tarefa de apostar no Amor universal e, também, de tudo ver e julgar sob essa nova luz evangélica.

Este que Paulo VI batizou de "o maior dos concílios" desenhou com carinho e rigor os traços de uma Igreja da comunhão, do diálogo, da participação, da colegialidade e do ecumenismo, portadora de uma proposta ao mundo, que começa por um abraço afetuoso a toda a humanidade. Assim se resumem o conteúdo e os relevos da Constituição *Gaudium et Spes*, com que se encerrou a assembleia conciliar. Nela resplandece a certeza de que a Igreja é dotada da energia transformadora de Deus, na medida e somente na medida em que "crê e vive o que ela é": o "sacramento", o sinal eficaz da misericórdia salvadora, e não a sociedade do poder religioso dominador sobre a terra.

Dois paradigmas antagônicos da Igreja diante do pluralismo ético pós-moderno

Cinquenta anos após o Concílio, coexistem na Igreja dois paradigmas éticos deveras antagônicos nos realces que dão aos princípios da moral cristã, embora nenhum deles rompa com a ortodoxia católica. Essa explosão ética e teológica se deu logo no início do Vaticano II.

Este optou por um paradigma integral e bem-ordenado, rejeitando o paradigma cristalizado nos projetos pré-conciliares, elaborados sob a égide da Cúria Romana, tendo à frente o Cardeal Alfredo Ottaviani (1890-1979).

O concílio se abre recebendo, junto com setenta outros, um imenso projeto de mais de cem páginas, propondo o esboço de uma "Constituição dogmática (*sic*) Sobre uma ordem moral cristã". Esta vem logo de início qualificada de "objetiva e absoluta", em antagonismo com os "individualismos", os "relativismos", os "pluralismos" modernos. Quanto ao essencial era a codificação das obrigações emanando da "lei de Deus e da Igreja", formuladas nos termos dos abundantes documentos condenatórios, sobretudo, de Pio IX.

Sem o proscrever, o Vaticano II deixou de lado este projeto. E passou a elaborar com todo o cuidado um paradigma que se inspirasse diretamente do Evangelho, retomasse a grande tradição anterior às controvérsias dos últimos séculos e que atendesse a todos os aspectos e exigências da vida humana e cristã, em sua dimensão pessoal e social, em diálogo crítico e criativo com o mundo de hoje. Já este ano, no livro *Vaticano II. A Igreja aposta no Amor Universal* (São Paulo, Paulinas, 2013), procurei condensar essa ética conciliar.

Ética integral em sintonia com a espiritualidade, a pastoral e o compromisso social

A originalidade singular de Vaticano II está em sua atitude teologal fundadora. É um concílio eclesiológico, mas não eclesiocêntrico. É, sim, teocêntrico, iluminado e animado por uma visão de Deus Amor universal. A Igreja reconhece esse Amor agindo nela, impelindo-a à semelhança e à união estreita com ele. Mas aqui está a novidade: reconhece também este Amor presente e ativo nas outras confissões cristãs, nas diferentes religiões e na marcha histórica e progressiva de toda a humanidade.

A Igreja inclui e supera a ética como feixe de normas imperativas. Ela se vê e se proclama comunidade da graça, na qual todos os membros, homens e mulheres, são chamados, não apenas a serem praticantes de uma moral, mas santos, tendendo à perfeição, na semelhança e em união com o Pai. Na Constituição *Lumen Gentium*, em que a Igreja se define, a espiritualidade encaminha para a mística, para o desapego e o total dom de si a Deus e ao serviço da humanidade.

O paradoxo do Vaticano II está em que essa mística assume e eleva para Deus a existência profana, o mundo secular, respeitando a autonomia das atividades e dos domínios profissionais, econômicos, políticos. A vida cristã é uma integralidade, o elã de uma liberdade tendendo ao amor e fraternizando com todos os seres humanos, que mesmo sem o reconhecerem, são na realidade parceiros do mesmo destino divino. A ética tem assim o objetivo primordial de retificar o profano. Ela culmina em uma espiritualidade de amor divino e fraterno, animando uma pastoral que privilegia os leigos, inspira um movimento ecumênico e impele a colaborar na construção de uma sociedade responsável e solidária.

Esta mensagem primordial do Vaticano II parece ser a grande luz e o elã instigador que guiam os primeiros passos e resplandecem no rosto e nas atitudes de Francisco no alvorecer de seu pontificado. Aliás, ele se desfaz da solene imagem de pontífice, bem enraizada na história religiosa e política do Ocidente. Ao contrário, assume e apregoa com algum humor o jeito bom do pastor desenhado pelo próprio Cristo. E que tem até "cheiro de ovelha".

Imagem divina e dignidade humana, binômio inspirador de uma ética integral, pessoal e social

Está aí esta outra originalidade profunda do Vaticano II, acolhida em grande parte pela Igreja pós-conciliar, mas que encontra sua verdadeira oportunidade providencial no evangelismo do Papa Francisco. O concílio professa uma ética dos valores, capaz de integrar todo o feixe de aspirações, desejos e necessidades humanas, abstendo-se de apelar para qualquer tipo de moral legalista, tecida de obrigações, imposições e interditos.

Na fonte, na inspiração primeira das opções, motivações e atitudes da ética, o Amor Universal, que anima o paradigma fundador de todo o concílio, lhe sugere a junção compreensiva da natureza e da graça. Destaca e define o ser humano como portador da imagem divina e da dignidade humana, deixando um pouco na penumbra a distinção clássica da ordem natural e sobrenatural, sempre válida, mas que ocasiona certo dualismo na mentalidade religiosa comum.

Na elaboração conciliar, a graça e a realidade da criatura, especialmente a liberdade humana, são plenamente enaltecidas. O que leva a uma ética teológica, melhor ainda, teologal, assumindo e realçando a dignidade do ser humano pessoal e sua dimensão social. Merece atenção o quanto a Constituição *Gaudium et Spes* insiste em apontar para a "dignidade" da inteligência, da liberdade, da consciência, do amor conjugal e familiar. É que para o Vaticano II a ética e suas realizações eminentes, a espiritualidade, a mística e a militância social, têm sua fonte no próprio ser humano, encarado em sua dignidade, intimamente enlaçada com a imagem divina. A junção da dignidade humana e da imagem divina constitui o fundamento antropológico que sustenta e anima a vida cristã, em marcha para a plena realização de seu destino histórico e transcendente.

Feixe de valores de uma ética fundamental

A primeira parte da Constituição *Gaudium et Spes*, síntese do dinamismo e da consistência operacional de Vaticano II, expõe todo um feixe bem articulado de valores que guardam o essencial da moral católica tradicional, mas a enriquecem e atualizam. Pois, nela insere os elementos primordiais da reflexão e da prática de uma ética que se vinha desenvolvendo desde a Renascença, fora ou mesmo contra o ensino da Igreja.

O mais consistente e influente desses valores da modernidade vem a ser a autonomia do sujeito ético, ligada a sua autoestima ou à autoridade ou ao prestígio da camada social, à faixa etária – os jovens, mesmo já as crianças. Esse enaltecimento do sujeito ético, individual ou corporativo, vai de mãos dadas com a reivindicação da liberdade, do direito ou da prerrogativa de decidir. Esse relevo dado ao sujeito deveria levar ao primado da responsabilidade, o que nem sempre ou quase nunca acontece.

De olho nos valores enaltecidos nas mentalidades, mais ou menos presentes nos costumes de hoje, *Gaudium et Spes* tece um verdadeiro tratado coerente desses valores em sua plena autenticidade ética. Essa constituição conciliar incita pastores e fiéis a serem atentos à moral vigente na sociedade moderna, discernindo seus aspectos positivos ou falhos, imperfeitos, senão grandemente negativos.

A opção conciliar por uma ética judiciosa e crítica permite e mesmo favorece o diálogo, já dentro da Igreja, mas, sobretudo, com a sociedade que tende mais e mais a um pluralismo ético de par com um pluralismo cultural generalizado. O que qualifica os valores como elementos favoráveis ao diálogo não é que sejam menos exigentes do que as leis, os mandamentos ou as formas de normatividade obrigatória. Sua vantagem, contribuindo para a operacionalidade de um diálogo, não emerge como imposição, vindo do alto ou de fora, mas suas exigências decorrem do sujeito humano, visto em sua dignidade, e, para o cristão, em sua qualidade de imagem divina.

Na sua primeira parte, *Gaudium et Spes* dispõe toda a sua ética fundamental em um processo ascensional. Parte de uma compreensão antropológica, do ser humano, visto em sua dignidade e também em sua complexidade, em sua capacidade de livre desenvolvimento ou de autodestruição. Em seguida, aponta para uma cristologia abrangente, pois Cristo, de certo modo, já está unido a cada ser humano (GS 22), e se oferece como fonte de plena realização pessoal e social. O que encaminha ao terceiro momento desse processo ético que vem a ser a escatologia, a vocação humana à transcendência histórica e para além da história.

Uma ética social, familiar, cultural, política, econômica, apontando para os horizontes de uma ética mundial

A segunda parte da Constituição *Gaudium et Spes* desdobra os grandes espaços de uma ética social, propondo uma verdadeira alternativa de justiça e de solidariedade aos diversos sistemas que constituem a sociedade moderna. São os rumos éticos bem elaborados a partir dos valores humanos, pessoais e sociais, elevados e ativados pelos valores evangélicos.

Cinco capítulos, em que colaboraram especialistas de grande valor, que recorreram aos padres conciliares, são dedicados aos "problemas mais urgentes" da atualidade. A urgência vem do seu caráter de fundamentos da civilização e da sua prioridade, para que outros problemas concretos importantes se tornem viáveis. Assim, a retidão e o aprimoramento éticos da família, da cultura, da política, da economia, são condições indispensáveis para que a saúde, a educação, a comunicação e a livre expressão das ideias sejam garantidas a todos os membros e setores da sociedade.

O concílio dá ainda aqui mais uma amostra singular de sua originalidade, traçando o modelo global de um mundo novo de responsabilidade, justiça e solidariedade. Semelhante projeto não foi acolhido no seu conjunto, menos ainda proposto à prática pela Igreja pós-conciliar. Na sua inteireza e na sua coerência esse extraordinário programa social, desdobrado nos cinco capítulos da segunda parte da *Gaudium et Spes*, constitui a grande oferta e o desafio da maior importância e dificuldade legado ao evangelismo do Papa Francisco.

Em um primeiro capítulo sobre a dignidade do matrimônio e da família, o concílio se propõe "colocar em maior luz" a doutrina tradicional da Igreja. É o modo delicado a que recorre essa eminente assembleia para assinalar as falhas e a carência de uma nova elaboração de que padece a moral legalista da cristandade neste ponto fundamental. De fato, do trabalho paciente do concílio surge um novo paradigma de ética sexual, matrimonial e familiar. Ele lança como fundamento normativo o primado do amor e a responsabilidade dos esposos na procriação e educação dos filhos.

Ao precisar os critérios do comportamento dos esposos, a constituição apela para as exigências de um amor autêntico e progressivo, bem como para o respeito à "natureza pessoal" da sexualidade humana e dos atos praticados pelos cônjuges. Qualificar com insistência a "natureza" de "pessoal" é a grande novidade do Vaticano II, nem sempre percebida na etapa pós-conciliar. É a base da construção harmoniosa de uma ética e de espiritualidade sexuais e familiares. Merece ser hoje repensada, ampliada e aprofundada, quando se trata de marcar os rumos de uma prática humana e teológica para o povo de Deus, superando os equívocos derivados do retorno ao velho paradigma legalista, privilegiando a dimensão biofisiológica da natureza humana, o que continua a embaraçar grandemente os casais cristãos.

Nos três capítulos da segunda parte da *Gaudium et Spes*, manifesta-se mais uma vez a originalidade singular do Vaticano II, a qual aguarda ainda ser assumida e prolongada de maneira satisfatória nesta etapa pós-conciliar. Assim, nem antes nem depois do concílio, o ensino da Igreja abordou com tal insistência e clareza o tema da "promoção da cultura". No capítulo segundo, a cultura é posta em grande relevo como a perfeição normal e indispensável da natureza humana. Esta só se realiza plenamente pelo processo de aprimoramento cultural, educativo e comunicacional, da pessoa e da sociedade. Esse dado é fundamental para a compreensão da atitude geral do concílio no que toca às relações da Igreja, da sociedade e da civilização.

Inovando sempre e tendo como referências doutrinais preciosas as cartas encíclicas de João XXIII, *Mater et Magistra* (1961) e *Pacem in Terris* (1963), a Constituição *Gaudium et Spes* elabora e expõe uma alternativa ética muito precisa e cuidadosa aos sistemas políticos e econômicos atuais. Esse duplo modelo de ética social, política e financeira, em seu conjunto exigente e na sua necessária marcha progressiva, tem estado pouco ou nada presente às preocupações e ao ensino da moral cristã. O Vaticano II havia, no entanto, proclamado com certa solenidade: "Ninguém se apegue a uma ética meramente individualista!"; "Seja para todos um dever sagrado estimar as relações sociais como as primeiras obrigações do ser humano hoje e assim as observar" (GS, n. 30).

O mesmo se diga da última insistência com que se encerra e se despede o Vaticano II. Com a proscrição da guerra e da indústria e do comércio de armas e instrumentos de guerra, aponta para a beleza e a urgência da paz universal. Esboça uma ética mundial, que constitui o grande e sempre urgente desafio para a Igreja e para toda a humanidade.

É para esse clima positivo, para essa primavera de esperança que parece apontar a alvorada de suavidade e ternura com que se inicia o pontificado de Francisco.

Questões de fronteiras dentro da Igreja. Celibato eclesiástico e sacerdócio das mulheres

Para que essa utopia da esperança evangélica entre na história e encontre caminhos de viabilidade, é indispensável que toda a Igreja – pastores e fiéis – tenha a coragem de abrir os olhos e de enfrentar os grandes desafios éticos dentro da comunidade eclesial e em seu confronto com o mundo.

Dentro da própria Igreja vem de longe um feixe de problemas e dificuldades concernentes ao ministério eclesiástico. Sem dúvida, como aludimos anteriormente, à "herança maldita" legada pela cristandade medieval e já inaugurada na era patrística, o poder absoluto e a ambição do poder contaminam a compreensão e a prática da autoridade apostólica que Cristo confiou à Igreja. Ela é convidada, intimada a exercê-la como um ministério gracioso e responsável, como o mais qualificado dos serviços, pois visa ao bem comum do próprio Povo de Deus.

De menor relevo, mas sempre inquietante em um mundo grandemente agitado pelo erotismo, é o desafio suscitado pelo celibato visto como imposição, uma vez que sua obrigação está ligada à livre opção pelo ministério ordenado. O Vaticano II enaltece o celibato praticado desde séculos na Igreja Católica ocidental. Mas reconhece igualmente o valor da condição dos padres casados, ao lado do celibato dos bispos e dos monges na Igreja oriental. O celibato só tem sentido como um carisma, acolhido, vivido, convivido no amor, levando ao desabrochar sempre progressivo do amor.

Estaria longe do espírito do Vaticano II quem fizesse do celibato uma questão tabu. E igualmente se oporia ao Evangelho quem o impusesse, abraçasse ou o mantivesse como peso, o asfixiasse numa instituição inexorável mesmo. E é necessário que a Igreja seja e pareça um modelo exemplar de liberdade, de formadora da liberdade e na liberdade.

Outra questão mais do que delicada, mas que também não pode virar tabu, vem a ser o lugar e a missão da mulher na Igreja, sobressaindo a realidade e a qualidade da participação feminina nos ministérios pastorais, à medida que se evidencia a plena e total capacidade da mulher de dirigir, administrar, governar.

Em uma obra de juventude, em seu Comentário às Sentenças de Pedro Lombardo, à questão sobre se a mulher poderia ser ordenada sacerdote, Santo Tomás de Aquino responde: "Não". E dá a razão: "O sacerdócio comporta uma superioridade (divina). E a mulher é naturalmente inferior". O eminente Doutor tem a virtude de ser claro em manifestar uma mentalidade então generalizada e em vias de ser superada. Que a santa Igreja de Cristo se livre até das aparências de ceder a preconceitos seculares e mesmo milenares. O desafio merece ser estudado por toda a Igreja, pois é um problema de toda a Igreja e até de toda a humanidade.

Posições éticas alternativas nos campos da sexualidade e da biotecnologia

Aqui, a esperança da Igreja reavivada pela luz do novo pontificado se abre na busca de novos rumos, de uma formulação operacional dos valores teológicos e de novos rumos ou caminhos éticos. O Vaticano II insistiu sobre a necessidade de a Igreja realizar plenamente sua missão de verdade e de amor, resplandecendo qual inteligência que vem do amor e impele a humanidade a mais amor. Essa missão reconhece a parceria de toda a humanidade em uma itinerância rumo à verdade de Deus, de Cristo e do ser humano.

Nada de excomungar o mundo, jogar pedras e anátemas. Desde a aurora do mundo moderno, a história particularmente ocidental se estende como a audácia inovadora da inteligência em ruptura com o passado da cristandade com suas atuações no empenho de afirmar as tradições, apelando para o princípio de autoridade, em atitude de suspeita contra as renovações e inovações de um humanismo da liberdade, da autonomia de confiança na razão e na experiência de cada e da soma dos conhecimentos e das liberdades aliadas na proclamação do valor do progresso.

O que hoje se chama pós-modernidade exalta o humanismo da liberdade de uma sexualidade multiforme, declarando autênticas todas as formas e atitudes em que se sente realizada a felicidade. A humanidade, em sua atual ponta histórica que ainda é o Ocidente, toma conhecimento da ampla presença da homossexualidade, da homofilia e do homoerotismo no decurso do passado e em todos os cantos e recantos do mundo atual.

No culto apolíneo, das belas formas, em conjunção com a exaltação afrodisíaca de toda espécie de prazer, projeta-se um ideal virtual, bem digitalizado de felicidade. Ele se compraz em um mundo imaginário, afetivo e erótico, em que junta a vida real e as redes de uma existência digital, tecida de experiências de sensualidade difusa, mas dotada de momentos de intensidade extática.

Essas simples indicações evocam uma ética, consistindo na busca e na experiência de uma felicidade erótica, exaltando os individualismos e o encontro festivo desses individualismos. Estes se afirmam como identidade de cada um e como convergência das múltiplas procuras de satisfação na vida real e nos sonhos virtuais ou digitais.

É a hora de o Povo de Deus apontar os rumos éticos de uma espiritualidade da estima do corpo, do prazer, do amor pleno e autêntico, da felicidade partilhada. E, ao mesmo tempo, de viver e difundir a forma mais alta e eminente da caridade, que consiste em colocar a inteligência, como sabedoria humana e tecnicamente equipada, não para se pôr a ensinar os rumos éticos a quem está seguro e endeusado em outros rumos individualistas e eróticos da existência. Nessas experiências comunicativas do amor evangélico, tudo está em ajudar os seguidores de outras alternativas éticas a encontrarem eles mesmos os limites e desvios de suas experiências, esvaziando-lhes as pretensões de serem as pontas da civilização e da felicidade.

Discernimento crítico e criativo diante dos sistemas sociais

Semelhantes pretensões contam com uma base muito forte e mesmo universal que vem a ser o apoio dos grandes sistemas que formam o grande sistema da humanidade tecnológica. Os sistemas da economia e da comunicação cultivam oportunamente a sensualidade e o erotismo como grandes aliados para apimentar seus programas e multiplicar seus lucros.

O sistema político e o jurídico vão dando certa legitimidade progressiva às novas formas e aos novos tipos de relações, de casais, de famílias, cuja regulamentação assegura a tranquilidade social e a prosperidade do comércio e mesmo de todo o sistema econômico, educacional e comunicacional. Os rumos éticos que se hão de propor às consciências só terão eficácia para as correntes avançadas da pós-modernidade na medida e só na medida em que forem assumidos e apoiados pela técnica e pelo dinamismo dos sistemas sociais e agirem de dentro deles para os orientar ou reorientar.

Essa orientação que se poderia qualificar de sistêmica está na linha da ética humana e teológica, sugerida por Vaticano II, especialmente em sua Constituição *Gaudium et Spes.* Mas ela espera que a inteligência a serviço do amor desperte, desde o pontificado de Francisco, um novo sentido e uma nova compreensão do mundo da tecnologia globalizada. Seja dito em toda verdade, há muito mesmo que fazer.

Somente em fins de março de 2013, a ONU começa a enfrentar o problema da limitação do comércio de armas de guerra entre as nações. Mas o "Espírito de Amor" que anima a Igreja, assegura-nos o Vaticano II no limiar da *Gaudium et Spes*, está também presente e ativo na história de toda a humanidade. É hora de discernir os seus sinais e de lhe ser lúcida e totalmente dóceis na fidelidade criativa ao Evangelho.

Opção evangélica criando espaços e condições de diálogo e intercâmbio

Com efeito, a fidelidade ao Evangelho não comporta estreiteza confessional, menos ainda empenho em buscar ou promover vantagens, na utilização do poder ou do dinheiro público em benefício da Igreja. Por outro lado, a opção pelos pobres não pode se limitar a fazer das comunidades ou de suas obras de caridade outras tantas ONGs piedosas, como lembrou com uma ponta de humor o Papa Francisco.

Quanto mais a Igreja se reconhece como a verdadeira e fiel esposa de Cristo, tanto mais saberá fazer confiança às outras comunidades cristãs e às religiões não cristãs. A atividade missionária da Igreja, animada pelo Espírito de Amor, vai ao encontro dos dons, dos frutos e sinais da presença desse Amor divino em todas as formas religiosas, na medida da fidelidade delas à busca da verdade da liberdade, na procura da paz e do bem para todos.

Na prática, essa visão compreensiva e generosa da Igreja, comunhão de amor em meio e a serviço da humanidade, deve se traduzir no esforço da Igreja toda, pastores e leigos, empenhando-se em criar espaços, estâncias, instituições e condições concretas e efetivas de diálogo e de intercâmbio. Primeiramente, essa nova organização e esse dinamismo mais intenso hão de envolver e fecundar a própria Igreja.

Em seguida, que esse despertar do diálogo anime um ecumenismo entre pastores, líderes e o conjunto do povo das diferentes comunidades.

Como insiste o Vaticano II, no limiar do Decreto sobre o Ecumenismo, este não é apenas algo de aconselhável. É a necessária e urgente docilidade ao Espírito Santo que suscitou esse movimento de fraternidade profunda e fecunda como uma energia imanente e constitutiva da verdadeira autenticidade da Igreja. Essa onda ecumênica de compreensão e fraternidade se estenderá a todas as religiões, à luz do mesmo princípio de que todas, em suas práticas e instituições, contam com o auxílio de Deus e se tornam instrumentos de salvação.

Apostar no amor universal

Assumindo sua função de pastor dentro do espírito evangélico, o Papa Francisco tem mostrado sua afinidade com o paradigma e o programa elaborados pelo Vaticano II. Há um ponto extremo em que talvez se tenha mostrado mais ainda singularmente original: ajudar os outros, trabalhar juntos, todos os cristãos e toda a humanidade, aceitar serem ajudados uns pelos outros na audácia e na humildade da fé – está aí o rumo teológico primordial, levando a humanidade ao rumo ético do diálogo, do intercâmbio, do reconhecimento do poder como forma eminente de serviço, a caminho da solidariedade, da justiça e da paz.

Após séculos de desavenças e mútuas recriminações, é mesmo um dos mais surpreendentes "sinais dos tempos" que a Igreja conciliar proclame que pode ajudar o mundo e ser por ele ajudada na busca de formas autênticas de ação, de comunhão e de sociedade (cf. GS, n. 44).

Que o pontificado de Francisco assuma e realize plenamente esse almejado jubileu do grande carisma comunitário, redescobrindo a divina audácia do Concílio Vaticano II, que apostou e fez a Igreja apostar no Amor universal.

ESPERANÇA DE FUTURO PARA A IGREJA

Maria Clara Lucchetti Bingemer

No dia 11 de fevereiro, ainda em pleno Carnaval, Bento XVI renunciou a seu cargo de bispo de Roma que preside todas as Igrejas. A cátedra de Pedro ficou vazia, enquanto a perplexidade tomava conta de mentes e corações pelo mundo afora. Os dias que se seguiram foram de desalento, ao se conhecerem muitas das razões a respeito do corajoso gesto do papa agora emérito. Mas também de especulações tateantes e conjeturas sobre quem seria seu sucessor e o que isso representaria neste momento difícil da Igreja.

A comunidade eclesial no mundo inteiro voltava seus olhos para Roma, onde uma situação inédita acontecia. Tornava-se ciente das sombras que se haviam abatido sobre esta instituição, que é a mais antiga da história da humanidade e que parecia a muitos inatingível. Os fatos dolorosos e obscuros que a mídia trazia à luz lançaram extrema desolação entre católicos do mundo inteiro e semearam insegurança em muitos lugares. A sociedade secular também se interessava. E multiplicavam-se ao redor do mundo as perguntas, o espanto, a espera.

Ao terminar o conclave que elegeria o sucessor, a fumaça branca foi festejada não apenas pelos católicos, mas por todos os que sabem a importância que tem o Cristianismo na história e na cultura do Ocidente. Ou seja, todos os homens e mulheres de boa vontade que ainda que não se sentiam membros plenos dessa Igreja percebiam dentro de si um sentimento de orfandade diante de todas as vicissitudes que a golpeavam. A fumaça branca anunciava que havia um novo papa, que a sé de Pedro já não estava vazia.

Porém, no coração de muitos ressoavam algumas perguntas que não eram isentas de inquietação. O novo papa estaria à altura do desafio que se lhe apresentava? Qual seria o perfil adequado daquele que tinha a missão de levantar a Igreja e recolocá-la em marcha vigorosa e vibrante no terceiro milênio? Seria o novo papa alguém capaz de encher de novo entusiasmo toda uma comunidade de fé que necessitava imperiosamente de recobrar a esperança?

Um papa do fim do mundo

O anúncio da alegria (*Gaudium Magnum*) foi feito com voz trêmula pelo cardeal francês. O nome pronunciado – Jorge Mario Bergoglio – intrigou a muitos, surpreendeu a tantos. O silêncio desceu sobre o mundo, enquanto se esperava que o novo papa se apresentasse. E Francisco chegou ao balcão do Vaticano. Com voz acolhedora e alegre, saudou: "Boa-noite". E, antes de abençoar, pediu oração e bênção para si próprio. Estava proclamado um novo tempo pascal para a Igreja que voltava a respirar esperança e júbilo.

A partir daí, a simplicidade e o estilo despojado do novo papa têm encantado a todos. Suas palavras são pontuadas por uma preocupação central: os pobres. E todos que o ouvimos descobrimos que saudade tínhamos de ouvir essa palavra presente e reincidente nos lábios do pastor. Vindo do Sul do planeta, "do fim do mundo", onde a pobreza e a injustiça fazem seu trabalho predatório a cada dia sobre as vidas humanas, Francisco não esquece e não deixa esquecer a serviço de quem está a Igreja que preside na caridade. E sua fé proclama que estes que o mundo considera últimos são e devem ser, na verdade, os mais queridos de Deus, os preferidos. E, portanto, devem ser a opção primeira e preferencial da Igreja de Cristo.

A figura do papa argentino polariza as atenções. Irradia firmeza e alegria, que contagiam e entusiasmam os que o veem e ouvem. Os primeiros gestos vão pouco a pouco revelando seu perfil, como a inclinação diante da Praça de São Pedro e o pedido de uma oração abençoante dos fiéis sobre sua pessoa. Ou a recusa dos carros oficiais, do luxo dos mantos de arminho, mitras enfeitadas e casulas bordadas a ouro. Ou, ainda, o descer do altar para beijar e acariciar um enfermo na cerimônia de entronização. Ou o sorriso, não forçado, não congelado na face, mas espontâneo e constante.

As palavras de Francisco conduzem na mesma direção, parecendo corroborar seus gestos. Nada de discursos apocalípticos e eivados de angústia e perplexidade. Ao contrário, uma positiva disposição que parece cheia de desejo de olhar os grandes desafios de frente, com valentia e confiança. Talvez seja essa a atitude de fundo da qual a Igreja como um todo está mais necessitada. Em sua homilia, dois dias depois de eleito, quando falava aos cardeais seus companheiros, na Sala Clementina do palácio apostólico do Vaticano, pronunciou palavras que soaram como todo um programa: "Não cedamos nunca ao pessimismo nem à amargura que o diabo nos oferece cada dia". Aí está uma exortação que não é consolo barato de um homem maduro a outros igualmente chegados à segunda metade da vida. Ao contrário, soa como um resgate daquilo que de mais profundo e visceral contém a revelação cristã. Trata-se de viver banhado na alegria e na paz do Ressuscitado, ainda que tudo pareça contradizer esse ânimo jubiloso.

Um nome que é um programa de vida e trabalho

A escolha do nome por parte de um papa não é acaso nem questão de gosto. No nome reflete-se um projeto: o projeto do novo pontífice, um sinal ao mundo de que linhas teológicas, atitudes pastorais e políticas de governo marcarão seu pontificado. Assim, em 1978 o Cardeal Albino Luciani tornou-se o primeiro papa a ter um nome duplo: João Paulo I, para homenagear seus dois antecessores imediatos, João XXIII e Paulo VI. Deixava assim patente o papa sorriso – como era chamado por sua encantadora alegria – a intenção de aplicar durante seu pontificado os decretos do Concílio Vaticano II na esteira dos dois papas que o haviam respectivamente inaugurado e finalizado. Com sua prematura morte, o sucessor escolheu o nome de João Paulo II, a fim de afirmar que assumia como sua a tarefa do antecessor.

O nome Francisco segue essa linha. Imediatamente se vê que o papa veio do sul do mundo, onde imperam a pobreza e a injustiça, o desejo de identificar-se com a figura gigantesca e inspiradora de Francisco de Assis, o *poverello* que amou a pobreza como dama e noiva e serviu os pobres como seus irmãos mais queridos. É o mesmo Francisco que ouviu do Crucificado, diante do qual rezava em São Damião, o pedido amoroso que soou como um mandato: "Francisco, reconstrói a minha Igreja".

Neste momento em que a renúncia de Bento XVI surpreendeu o mundo, vieram a público inúmeras sombras que obscurecem o rosto da Igreja. O novo papa tem a missão de reconstruir aquilo que se encontra fragilizado e quase destruído. E para isso adota o nome de Francisco de Assis.

Porém, além de ser argentino, portenho, latino-americano, o Papa Francisco é também o primeiro papa jesuíta em toda a história da Igreja. Tal fato encontra sua raiz na própria Companhia de Jesus, fundada por Inácio de Loyola nos albores da modernidade. Tendo vivido a situação calamitosa da Igreja, que resultou na Reforma protestante, Inácio sabia bem quanto podem ser danosos para uma vida cristã autêntica as honras e prestígios deste mundo. É assim que nas constituições da nova ordem missionária que funda, explicita claramente que o jesuíta não deve aceitar dignidades eclesiásticas. E faz desta renúncia objeto de um voto próprio da ordem, que todos os jesuítas professos devem pronunciar.

Ao longo da história, houve ocasiões em que este voto foi suplantado por uma necessidade eclesial imperiosa, ou por uma circunstância de urgência, ou por uma prioridade missionária inegável. Por isso, há menos bispos jesuítas ou cardeais que de outras ordens. E nunca houve um papa jesuíta. É próprio do espírito da ordem não buscar – a não ser quando Deus mostra claramente sua vontade em sentido oposto – nem aceitar postos hierárquicos.

Jorge Mario Bergoglio entrou jovem para a Companhia de Jesus e ali foi formado e configurado segundo o estilo único que os Exercícios Espirituais de Santo Inácio imprimem naquele ou naquela que faz esta experiência. Aquilo que é uma das características mais marcantes do novo papa e que a mídia agora explicita, tal como viver austeramente, usar transporte público em vez de carro oficial, andar pelas periferias da cidade junto aos mais pobres, é um reflexo da formação por ele recebida na escola do Peregrino de Loyola, fundador da Companhia.

E é aí que se pode ver e constatar que, por trás do nome escolhido pelo novo pontífice, existe outro Francisco além do de Assis. Francisco Xavier, nobre espanhol navarro, brilhante estudante da Universidade de Paris que um dia encontrou Inácio de Loyola em seu caminho. A proximidade do mestre espiritual, a experiência dos Exercícios revelaram e poliram a têmpera extraordinária desse missionário que ainda muito jovem foi enviado ao Oriente.

Pela mediação deste Francisco, o Evangelho chegou à Índia e ao Japão. Aos 46 anos, morria Xavier às portas da China. Muito cedo sua fama de santidade correu o mundo. E a Igreja o fez padroeiro das missões. Juntamente com o *poverello* de Assis, o missionário Xavier está bastante presente no nome do novo papa. E isto nos permite esperar um pontificado que seja marcado pelo amor aos pobres do santo de Assis e pelo ardor e heroísmo missionário do jesuíta navarro.

A esperança dos católicos que viveram a primavera conciliar dos anos 60 e 70 e viram com tristeza muitos dos passos andados retrocederem nos anos 1980 sentem muita esperança na reforma eclesial que Francisco tem a missão de fazer. Para resgatar o melhor de uma Igreja que deseja retomar a interlocução com a sociedade e a cultura do século XXI e do terceiro milênio, Francisco precisa tocar em alguns pontos absolutamente cruciais. E parece-nos que algo disso já está acontecendo em seu pontificado.

A volta ao Concílio

Em algumas atitudes do Papa Francisco, percebe-se um retorno do Concílio Vaticano II como prioridade e centro de todo o agir eclesial. São às vezes sinais sutis, não percebidos por todos, mas sim por aqueles que viveram a lufada de ar puro provocada pela primavera conciliar e sofreram com o recuo que pareceu freá-la nos últimos 35 anos. Por seu agir e falar, Francisco levanta alguns pontos que mostram claramente que o concílio está de volta.

• O ecumenismo e o diálogo inter-religioso: já no início de seu pontificado, Francisco referiu-se explicitamente ao concílio. Fiel à abertura ecumênica e inter-religiosa deste, o papa, em seu discurso do dia 20 de março, falando aos delegados de outras denominações e tradições, recordou nominalmente João XXIII e sua decisão de convocar o concílio. Citou, ainda, explicitamente o parágrafo quarto da declaração *Nostra Aetate*, que assume claramente as raízes judaicas do Cristianismo de uma maneira positiva e fraterna.

Além disso, a carta que enviou uma semana após a eleição ao rabino-chefe da comunidade judaica de Roma, expressando o desejo de "poder contribuir para o progresso que as relações entre judeus e católicos conheceram desde o Concílio Vaticano II", revelou alguém que deseja ser absolutamente fiel ao espírito de abertura e diálogo instaurado na Igreja com o acontecimento conciliar. Tendo estado muito presente no diálogo judaico-cristão em seu país de origem, onde existe uma das maiores comunidades judaicas do mundo, Francisco sinalizou que pretende continuar essa prática como papa. E não porque seja de seu gosto, mas porque isso significa prosseguir e aprofundar a diretriz do concílio que proclamou a existência das *semina verbi* em outras religiões que não a católica.

• A colegialidade eclesial: Mas mesmo antes disso, ao apresentar-se recém-eleito à multidão que se aglomerava na Praça de São Pedro, demonstrou que sua eclesiologia é perfeitamente fiel à eclesiologia conciliar. Fez questão de definir seu ministério como "bispo de Roma" – coisa que vem repetindo em todas as suas intervenções neste menos de um mês de pontificado –, assumindo serenamente todas as consequências institucionais e ecumênicas que essa ênfase comporta.

Ali naquele momento, quem viveu o Concílio e conhece seus documentos pôde reconhecer nas palavras do papa a colegialidade como marca distintiva da ministerialidade e da estrutura da Igreja. Francisco disso é consciente e proclama ser bispo da Igreja de Roma, que preside todas as outras Igrejas na caridade. E com isso enche de esperança o coração daqueles que sonham com uma Igreja menos centralizada, mais aberta e democrática. Uma Igreja mais segundo o modelo de Povo de Deus, em que os carismas floresçam e os ministérios possam exercer-se livre e fecundamente.

• A reforma litúrgica: em suas celebrações, o Papa Francisco tem sinalizado que a reforma litúrgica do concílio está de volta para ficar. São celebrações simples, embora cheias de densidade respeitosa. Aí está o sinal de que Francisco aceita e pratica sem nenhuma dificuldade os passos dados pelo concílio em direção a uma liturgia mais despojada, mais próxima do povo, mais participativa.

Certamente, praticou muito em sua querida Argentina natal esse modo de celebrar, quando visitava as "villas" da periferia de Buenos Aires, ou os bairros operários e conjuntos habitacionais. Ou, ainda, quando em seus tempos de provincial acompanhava os jesuítas nas celebrações pelos bairros da grande Buenos Aires, nas capelas simples e pobres, distantes das igrejas sofisticadas da Recoleta ou do Barrio Norte.

É reconfortante ver o papa celebrando com simplicidade, sem atavios e adereços que não apenas desagradaram e afastaram a muitos da liturgia, mas ainda escandalizaram outros tantos. E o é, sobretudo, após havermos visto e vivido as ameaças que pesaram sobre esta reforma litúrgica, carro-chefe do concílio, renegada e rejeitada por grupos ultraconservadores que lhe faziam pesada resistência.

Bento XVI procurou tratar esses grupos com extrema paciência e delicadeza. Francisco parece ser mais direto. Ao celebrar ele mesmo, segundo a reforma litúrgica do concílio, sinaliza o que pensa que deve ser feito. É de desejar que a liturgia volte a ser um espaço de partilha e fraternidade, em que todos possam celebrar como irmãos a ceia do Senhor e viver a comunhão fraterna e salvadora.

Com Francisco, portanto, os católicos podem esperar uma volta ao concílio como bússola orientadora de uma Igreja que reconhece necessitar de profundas reformas e transformações. Voltar ao concílio para regressar às fontes puras do Evangelho parece ser o prenúncio deste pontificado que apenas se inicia. E que já promete oferecer aos católicos do século XXI uma Igreja mais aberta, voltada para o mundo. Em suas próprias palavras: "A Igreja é chamada a sair de si própria para ir até as periferias, não apenas as geográficas, mas também as periferias existenciais: as do mistério do pecado, as da dor, as da injustiça, as da ignorância e da abstenção religiosa, as do pensamento, as de toda a miséria".

Aos que esperavam, portanto, a um ideólogo da restauração anti-conciliar, foi dada uma resposta extremamente contundente. O patrimônio teológico, litúrgico, ecumênico e inter-religioso do concílio faz parte, e de modo pleno, dos primeiros atos e palavras do novo papa. E permite esperar que o sopro conciliar volte a refrescar e desalterar uma Igreja tão enrijecida e combalida pelas dificuldades do momento presente.

O retorno dos pobres como conteúdo e como método

Talvez uma das surpresas mais gratas que trouxe o novo pontificado seja o retorno dos pobres ao centro do pensamento e do discurso. Em uma audiência com inúmeros jornalistas, na sala Paulo VI, o Papa Francisco expressou seu grande desejo como papa com as palavras de João XXIII relativas aos pobres: "Como eu gostaria de uma Igreja pobre, para os pobres".

Quem havia observado seus primeiros passos no exercício do pontificado sabia que aquilo não eram apenas palavras. Desde o início, a pobreza e os pobres estiveram presentes no recém-eleito papa como marca distintiva.

O pontífice não hesita inclusive em narrar, com comovedora simplicidade, a exortação que lhe sussurrou ao ouvido o grande amigo e irmão brasileiro o Cardeal Cláudio Hummes, assim que se confirmou sua eleição: "Não se esqueças dos pobres". O nome Francisco, com toda a sua exegese, já é parte desta memória que não pode desaparecer e que reconduz a Igreja inteira para aquilo que é o coração mesmo do Evangelho que a inspira e move: a bem-aventurança dos pobres, prediletos do Deus de Jesus.

Parece que o desejo de Francisco de uma Igreja pobre e dos pobres já começa a concretizar-se pelo menos em sua pessoa. Seu estilo despojado e despretensioso, seus sapatos gastos e usados de tanto andar pelos caminhos, sua insistência em prescindir de luxos e privilégios que lhe cabem, inclusive, como chefe de Estado, parece colocá-lo em sintonia com algumas inspirações proféticas próprias do período conciliar, como, por exemplo, o magnífico "Pacto das Catacumbas", em que vários bispos, entre eles muitos latino-americanos, se comprometeram a viver um estilo de vida o mais próximo possível do modo de viver dos mais pobres.

Vindo do "fim do mundo", destas latitudes onde imperam a desigualdade e a injustiça, Francisco certamente é consciente de que uma boa parte da humanidade vive em condições desumanas e em pobreza extrema. Sobre isso já fez enfáticas declarações, inclusive em Aparecida. São dele as palavras: "Vivemos na zona mais desigual do mundo, onde a redução da miséria foi menor". "A distribuição injusta dos bens continua criando uma situação de pecado social, que clama ao céu e limita as possibilidades de uma vida mais plena para muitos dos nossos irmãos."

Não sendo nem de longe um revolucionário radical, o Papa Francisco, no entanto, não tem uma visão meramente ingênua ou assistencialista da agressão que representa para a vivência do Evangelho a existência de pessoas – tantas – que não dispõem dos direitos mais elementares e dos bens mais essenciais para viver dignamente. E é capaz de indignar-se diante disso e expressar essa indignação.

É de se esperar, portanto, que durante seu pontificado a teologia possa retomar vias de reflexão que haviam ficado para trás, devido ao clima tenso que reinava entre os teólogos e o Magistério. Toda a questão da primordialidade dos pobres, das vítimas, como conteúdo do pensar teológico. Toda a perspectiva da reflexão teológica que parte dos mesmos pobres e é por eles direcionada e orientada. Todo o esforço da teologia e da pastoral para ter uma incidência transformadora em uma realidade atravessada de ponta a ponta por uma injustiça estrutural. A comunidade e a sociedade anseiam por tal reflexão.

Aos que se assustaram – e não foram poucos – com sua eleição, devido a comentários negativos que se faziam sobre sua atuação na Argentina no período obscuro e sombrio da ditadura militar, o papa parece dizer que não há razão para sustos. Acompanhando as notícias que vêm saindo, e os testemunhos em seu favor que saem da boca de pessoas tão inatacáveis quanto Adolfo Perez Esquivel, prêmio Nobel da Paz, vai-se constatando que, quatro décadas depois daqueles fatos, o então provincial dos jesuítas na Argentina, Jorge Bergoglio, apresenta um perfil de alguém que ajudou a quem necessitava de abrigo e proteção naqueles anos terríveis de seu país. Quando o rio da Prata se tornava túmulo de milhares de desaparecidos nos chamados voos da morte, o jesuíta Bergoglio conseguia passaportes para atravessar a fronteira, avisava a futuros perseguidos que se escondessem, já que seus nomes constavam das macabras listas da ditadura.

Alguns o continuam acusando de não haver sido suficientemente destemido para expor-se e denunciar aquelas situações, como o fizeram outros. Entre eles, o bispo mártir Angelelli. Porém, quem não viveu as terríveis tensões daqueles anos sombrios deveria ser mais cauteloso em acusar e falar. As circunstâncias eram tão perigosas e adversas, que não era fácil encontrar as atitudes certas a tomar. Muitas vezes a regra do mal menor tinha que se sobrepor à do bem maior. E criar no silêncio e no anonimato condições para que uma vida não fosse destruída era muitas vezes a única maneira de não compactuar com aquele contexto de morte. Mas todos nós mudamos e amadurecemos com o tempo. Mudam as circunstâncias, mudam muitas vezes as atitudes. A mesma mídia que se apressou em propalar aos quatro ventos as suspeitas que pesavam sobre o jesuíta Bergoglio não teve a mesma urgência em revelar que há dez meses, na Faculdade de Teologia de Buenos Aires, o então Arcebispo Jorge Bergoglio resgatou a memória do Padre Rafael Tello, um dos iniciadores da teologia da libertação naquele país. E explicitando seu gesto disse: "Essas reparações que Deus faz: que a hierarquia, que em seu momento achou conveniente retirá-lo da faculdade, hoje diga que seu pensamento é válido. Mais ainda, foi fundamento do trabalho evangelizador na Argentina. Quero dar graças a Deus por isso". Nestas palavras do atual papa, pronunciadas há menos de um ano, encontramos a sabedoria madura de quem revê suas atitudes e se alegra com as mudanças que acontecem em sua consciência e na do segmento eclesial a que pertence.

Conclusão: um perfume derramado sobre a comunidade eclesial

O Papa Francisco trouxe de volta a esperança a uma Igreja em desalento. Sente-se no ar o perfume e na boca o sabor da volta ao Concílio Vaticano II. No dizer de Massimo Fagioli, "o *Vaticano II* é, para a teologia católica, o *common ground* para diversas sensibilidades culturais e políticas, um terreno comum que resiste aos sectarismos e aos revisionismos: não por acaso é um papa não europeu e não norte-americano que herda essa tarefa".

Graças a este papa vindo do fim do mundo, a Igreja respira com renovada esperança e alegria. E sente-se novamente disposta a apresentar ao mundo um rosto novo para o terceiro milênio.

Tudo leva a crer que a Igreja de Francisco será aberta e dialogante, ecumênica e sensível às diferenças inter e transreligiosas, não terá preconceitos diante das maneiras diversas pelas quais as pessoas experimentam e vivem sua fé. Celebrará simples e devotamente os mistérios de Deus, acolhendo em seus rituais aqueles que creem, mas igualmente aqueles que buscam e desejam crer, mas não encontraram a fé. Ou, ainda, os que não buscam, mas se sentem instigados por alguns pontos da proposta evangélica.

Francisco parece estar consciente de que não pode governar ou decidir sozinho. É bispo de Roma e preside as outras Igrejas na caridade. A colegialidade, tão cara ao concílio, promete estar de volta em seu pontificado, construindo um modelo de Igreja pautado na participação e na colaboração entre as distintas Igrejas e o povo que nelas está e que nelas vive sua fé.

É de se esperar que igualmente se abra espaço nesta Igreja aos que ardem de desejo de colaborar e participar plenamente e não como cidadãos de segunda categoria: os leigos, as mulheres, os jovens, os pobres. Todos estes e estas, que olham para a Igreja de Roma com esperança, são os que poderão ajudar ao papa a conduzir o rebanho que lhe foi confiado, tão ferido e diminuído, em direção a uma nova primavera, compatível com os desafios que o momento atual apresenta.

*Não nos fechemos à novidade que
Deus quer trazer à nossa vida! Não há
situações que Deus não possa mudar;
não há pecado que não possa perdoar,
se nos abrirmos a Ele.*

POSFÁCIO

Razões para termos esperança

No precioso momento histórico em que vivemos, imersos que estamos em novos parâmetros culturais, temos sólidas razões para vivenciarmos a fé, a esperança, o amor. A razão profunda de nossa esperança, como pessoas, famílias, Igreja, reside no fato de Jesus Cristo, Filho de Deus, Palavra viva do Pai que se fez homem, ter vencido a morte, estar vivo no meio de nós, dizendo-nos "não tenham medo, confiem". Como discípulos missionários de Jesus, firmamos nossa esperança no fato histórico de que ele caminha conosco no vigor do Espírito Santo! "Alegres na esperança, firmes na tribulação, perseverantes na oração" (Rm 12,12), vamos avante, irmanados, na construção do Reino do Pai, feito de santidade, justiça, amor e paz.

Somos mergulhados na esperança pelo fato de conhecermos, de amarmos a Jesus, de tê-lo como companheiro de jornada. Possuímos, ainda, a nos iluminar, a Palavra de Deus escrita, a abençoada Tradição. No decorrer da história, vai crescendo nos discípulos de Jesus a convicção de que "é por meio da esperança que somos salvos" (Rm 8,24) e, no seguimento do Mestre, somos chamados a assumir "as alegrias e as esperanças, as tristezas e as angústias dos homens de hoje" (GS 1).

O Espírito Santo, através de dois acontecimentos, sacudiu o Povo de Deus em fevereiro e março de 2013: a renúncia do querido Bento XVI e a eleição do arcebispo de Buenos Aires, o Cardeal Jorge Mario Bergoglio, para nosso papa. Estamos vivendo um verdadeiro *Kairós* – tempo de Deus –, que atira ao lixo toda tentação de desalento, de desencanto! De todos os cantos e recantos da Igreja, surge ímpeto por nova evangelização, por reformas, novas estruturas!

Com a eleição do Cardeal Jorge Mario, vaticanistas, apressados em seus palpites, surpreenderam-se. Cardeais de juventude avançada, ao sopro renovador do Espírito, buscaram, para surpresa geral, na periferia do mundo o novo bispo de Roma, nosso papa. Não poucos, no vasto mundo cansado por falta de lideranças, se perguntaram, no primeiro momento do após fumaça branca, se da Argentina, da América Latina sofrida, poderia sair coisa que prestasse, como um dia afirmaram a respeito do carpinteiro galileu de Nazaré. Afinal de contas, por mais de um milênio, não foi somente a Europa altiva, orgulhosa até, hoje atingida por crise de alma e de bolsas, que ofereceu de seus celeiros os bispos para a diocese de Roma e pastoreio do mundo?

Os meios de comunicação social que deram maior cobertura a um acontecimento religioso desde a renúncia de Bento XVI até a eleição e primeiros passos de Francisco destacaram gestos de imensa esperança, ternura, misericórdia, brotados do coração do xará do pobrezinho de Assis. Atitudes essas que encantam um mundo materializado, consumista, mergulhado em nova época, em que tudo se acelera, se globaliza. O novo papa escolheu profeticamente o nome de Francisco, a partir da recomendação feliz de nosso Dom Cláudio Hummes de que "não se esquecesse dos pobres". Recomendação que Pedro, Tiago e João, em Jerusalém, há dois mil anos, deram ao apaixonado e inovador apóstolo de Jesus, Paulo de Tarso (cf. Gl 2,10).

E Francisco abriu o coração solidário para o mundo, clamando por evangélica opção pelos pobres, por uma Igreja voltada aos pobres, uma Igreja pobre, que, todavia, anda um tanto adormecida, aburguesada, em palácios, conventos, Cúria Romana, dioceses, paróquias. Ele resiste a se mudar para o palácio apostólico, optando por um quarto simples na Casa Santa Marta!

Transpirando ternura, ele convida homens e mulheres ao cuidado de si, dos outros; insiste na misericórdia, na compaixão! O bispo de

Roma deixa de lado o trono, reveste-se de vestes litúrgicas simples; sorri, beija crianças, inclina-se diante de paralítico; toca, com misericórdia, as chagas da humanidade; clama por respeito ao meio ambiente, ao planeta terra em perigo de aquecimento global, profanado pela voracidade do lucro insaciável; beija a presidente de sua amada Argentina e abraça a de nosso país. Dá ênfase especial ao fato de ser bispo de Roma e recorda que sua autoridade é de ser servo dos servos de Deus! De cabeça inclinada, suplica que o povo reunido na praça reze por ele, por seu ministério. Coloca-se, com inteira disponibilidade, a serviço da paz. Vai ao encontro de irmãos de outras Igrejas cristãs, de crentes não cristãos e de não crentes.

Em gesto verdejante de esperança, abre os braços aos jovens do mundo inteiro, marcando encontro com eles na Jornada Mundial da Juventude, garantindo-nos também visita a Aparecida, para tomar a bênção da Mãe de Jesus e nossa. Não mede palavras ao nos convidar à santidade de vida, declarando que devemos ter os olhos fixos em Jesus, pois, sem ele, a Igreja não passa de mera e esvaziada organização. Repete, então, aquilo que, unido a seus irmãos bispos latino-americanos, foi proclamado na V Conferência em Aparecida: "Conhecer a Jesus Cristo pela fé é nossa alegria; segui-lo é uma graça, e transmitir este tesouro aos demais é uma tarefa que o Senhor nos confiou ao nos chamar e nos escolher" (DAp, 18).

O Papa Francisco, seguindo os passos de Jesus, ao tornar, no hoje da história, presentes antigos gestos do Filho de Deus, Jesus de Nazaré, indica à Igreja toda um novo sopro renovador do Espírito que clama por urgência de renovação, por mudança de estruturas, por amplo diálogo dentro da Igreja com o mundo, com todos os cristãos, crentes e descrentes. Francisco, por atitudes e palavras, abre as comportas da esperança e nos convida, com entusiasmo, à nova evangelização, redator que foi, com seus irmãos bispos em Aparecida, de documento em que se lê: "Nenhuma comunidade deve isentar-se de entrar decididamente com todas as forças nos processos constantes de renovação missionária e de abandonar as ultrapassadas estruturas que já não favoreçam a transmissão da fé" (DAp, 365). Ainda, "a conversão pastoral de nossas comunidades exige que se vá além de uma pastoral de mera conservação, para uma pastoral decididamente missionária" (DAp, 370).

Creio ter chegado o momento em que toda a Igreja, Povo de Deus, mistério de salvação, unida em intensa comunhão e participação ao Papa Francisco, está sendo convidada por Jesus a "lançar as redes em águas mais profundas", sem medo, confiante! Do céu, Dom Helder Camara não cessa de nos confidenciar ao coração, como fazia em árduos tempos do passado: "Feliz de quem entende que é preciso mudar muito para ser sempre o mesmo". Nesse sentido, dando razão concreta à nossa esperança que floresce com Francisco, apresento algumas sugestões de reformas a serem consideradas, talvez, em diálogo franco, aberto, livre de imposições, pelo Povo de Deus, sempre ao sabor do Espírito:

1ª) Reforma inadiável, urgente: abraçarmos com seriedade, entusiasmo, o convite de Jesus: "Sede perfeitos como o Pai celeste é perfeito" (Mt 5,48). Espiritualidade sólida, mística contagiante. Contemplativos!

2ª) Igreja, mistério de salvação, Povo de Deus, intensamente ministerial, com ministros ordenados bem formados; leigos e leigas com verdadeira formação humana, bíblica, teológica, pastoral, exercendo sua missão no mundo e em diversos ministérios, serviços, na comunidade eclesial, em decorrência do Batismo, Crisma. Leigos considerados adultos, não infantilizados por uma hierarquia, frequentemente, centralizadora.

3ª) A comunhão na Igreja é mandamento do Senhor! A comunhão com o papa é de fundamental importância. O respeito aos vários níveis, organismos de decisão, é inadiável. Não podemos centralizar na Cúria Romana – que precisa de reforma – aquilo que é da competência de conselhos, conferências continentais, conferências nacionais de bispos, dioceses. Confunde-se comunhão com centralização; opta-se por autoritarismo abafando a participação.

4ª) Redefinir o papel, missão, da nunciatura apostólica, sobretudo no que diz respeito à nomeação, transferência, de bispos. A participação efetiva da conferência episcopal, da diocese carente de bispo, com seu presbitério e conselho de pastoral, bem como de leigos, é de fundamental importância. Não podemos continuar, por exemplo, com dioceses sem bispo diocesano por meses, anos até; com bispos impostos, não propostos!

5ª) A comunidade eclesial se nutre da Palavra, da Eucaristia! A falta de presbíteros é notória! Imensos ambientes urbanos, rurais e territoriais não contam com a real presença de presbíteros. Ao lado de presbíteros celibatários, entregues de modo absorvente à causa do Reino, precisamos chamar homens casados, de comprovada vida cristã familiar, profunda vivência comunitária, competência profissional, para serem ordenados presbíteros. Não fazê-lo é lamentável omissão!

6ª) Uma urgente decisão se torna inadiável com relação à missão, aos serviços e ministérios da mulher na Igreja, que tem sido vítima de discriminações, de atitudes culturais marcadas por intenso machismo, com as quais Jesus não compactuou em seu tempo. Por que, para exemplificar, ao lado do prefeito, não nomear uma prefeita para a Congregação para os Institutos de Vida Consagrada e as Sociedades de Vida Apostólica, onde as mulheres são significativa maioria? Não é o momento também de uma exegese isenta sobre a recomendação de São Paulo à Igreja de Roma, para acolhimento à Febe, diaconisa da Igreja de Cencreia?

7ª) A evangelização das metrópoles é complexa. Partir e repartir a metrópole em dioceses já não funciona pastoralmente. Por que não se criar dioceses interdependentes, com estatuto aprovado pelo papa, garantindo-lhes pontos comuns à evangelização do complexo metropolitano?

8ª) Ah! O império de leis tão ao sabor dos piedosos, observantes, fariseus do tempo de Jesus! "Somos justificados pela graça, pela fé em Jesus, não pelas obras da lei", sentenciava o apóstolo Paulo. O jurídico deve estar a serviço da comunhão, não o contrário. "O sábado foi feito para o homem, não o homem para o sábado" (Mc 2,27). Em amplas áreas, vivemos o império jurídico, esquecidos, na prática, de que "precisamos ter diante dos olhos a salvação das pessoas que, na Igreja, deve ser sempre a lei suprema" (Cân. 1747).

9ª) Bispos, presbíteros, diáconos permanentes, casais, médicos, psicólogos, precisam se reunir para aprofundamento de respostas às mais urgentes, novas, questões referentes à ética, bioética, matrimônio, natalidade, segundas núpcias e recepção da Eucaristia, novas formas de "família, casamento"... A problemática precisa de tratamento pastoral, teológico, psicológico, sociológico, afetivo, congregando, para orientações, declarações, não somente ministros ordenados, mas também leigos que amam a Igreja, e que são peritos em diversos temas por viverem imersos na dura e complexa realidade.

10ª) Os teólogos são merecedores de apoio, incentivo real. Necessitamos de nova linguagem para a transmissão da mensagem perene do Evangelho, da fé, diante dos novos parâmetros culturais em que vivemos.

11ª) Celebrações vibrantes, participativas, prenhes de vida, fé, esperança, amor no campo litúrgico. Corações, em adoração, voltados para o Deus Uno e Trino, nos braços da Mãe de Jesus e nossa! Em tudo, muita dignidade, respeito, solenidade. Porém, nada de ostentação... Contemplação! Ação de graças! Nada de ostentação, inclusive em pontificais! (A nós, ministros ordenados, um apelo: Por que não deixarmos de lado escudos, brasões e títulos como vossa santidade, eminência, excelência, vossa reverendíssima, tratando-nos com o título que Jesus nos dá: "Vocês todos são irmãos"? (Mt 23,8). O mundo ficou edificado quando os amados papa emérito Bento e Papa Francisco se encontraram, abraçaram-se e, simplesmente, afirmaram: "Somos irmãos!".

12ª) Finalmente, seria conveniente estudo, debate, sobre o texto-sugestão do jesuíta egípcio Padre Henri Boulad, intitulado "SOS para a Igreja hoje", que foi enviado a Bento XVI em 2010. Propõe ele ampla consulta ao Povo de Deus sobre o que vai e o que não vai bem na ampla vida da Igreja. O resultado da pesquisa seria analisado por um sínodo geral, em nível de Igreja universal, do qual participariam todos os cristãos. Este sínodo, que duraria três anos, para amplo estudo dos resultados da consulta, terminaria com uma assembleia geral de representantes de todo do Povo de Deus, presidida pelo papa, para encaminhamento das propostas feitas.

Nos dias que correm, não faltam os que apontam para inverno na Igreja! Outros, entre os quais me situo, contemplam primavera, não faltando trovoadas também! Aos que sentem frio, as palavras de Thiago de Mello: "faz escuro mas eu canto!". Bons tempos desencadeados pelo Concílio Vaticano II, cujo cinquentenário estamos celebrando, e que João Paulo II afirmou ser "a bússola a nos guiar neste novo milênio". Francisco navega na barca do Senhor, em meio a calmarias e tempestades, embalado pelas palavras de Jesus crucificado ao pobrezinho de Assis: "Francisco, vai reformar a minha Igreja que está desabando".

Coragem, avante, Francisco... Estamos em profunda comunhão com o senhor e o temos no coração, vivamente irmanados no amor à Igreja. E nela cremos! "Nós nos alegramos na esperança de participarmos da glória de Deus. E também nos alegramos nos sofrimentos porque sabemos que os sofrimentos produzem a paciência, a paciência traz a aprovação de Deus, e esta aprovação cria a esperança". "Esta esperança não nos decepciona, porque Deus tem derramado o seu amor em nossos corações, por meio do Espírito Santo que ele nos deu" (Rm 5,2-5).

Por estas razões todas, na convicção de que "o Povo de Deus no deserto anda, mas à sua frente Jesus caminha", vamos avante, de esperança em esperança, na esperança sempre!

"Não te esqueças dos pobres!" E aquela frase gravou-se-me na mente: os pobres, os pobres. Logo depois, pensei em Francisco de Assis.

ARTICULISTAS

Agenor Brighenti é doutor em Ciências Teológicas e Religiosas pela Universidade Católica de Louvain/Bélgica e professor-pesquisador da PUC-PR.

Carlos Josaphat é dominicano. Professor emérito da Universidade de Friburgo, Suíça. Publicou por Paulinas Editora: *Vaticano II, a Igreja aposta no Amor Universal* (2013).

Dom Angélico S. Bernardino foi bispo auxiliar de São Paulo e é bispo emérito de Blumenau-SC.

Dom Demétrio Valentini é bispo de Jales-SP.

Eduardo Hoornaert é historiador; nasceu na Bélgica e reside há vários anos no Brasil. É um dos fundadores do CEHILA (Comissão de Estudos da História da Igreja na América Latina).

Faustino Teixeira é pesquisador do Programa de Pós-graduação em Ciência da Religião da UFJF. Possui doutorado e pós-doutorado em Teologia pela Pontifícia Universidade Gregoriana de Roma.

Fernando Altemeyer Jr. é doutor em Ciências Sociais pela PUC-SP, com mestrado pela Universidade Católica de Louvain. Leciona no Departamento de Ciência da Religião da PUC-SP.

Francisco de Aquino Jr. é presbítero da diocese de Limoeiro do Norte-CE. Doutor pela Westfälische Wilhems-Universität de Münster, leciona Teologia na Faculdade Católica de Fortaleza.

João Batista Libanio, sj, é professor emérito da FAJE, em Belo Horizonte-MG. Doutor em Teologia pela Pontifícia Universidade

Gregoriana. Dedica-se à pesquisa teológica, com uma vasta produção publicada em livros e artigos.

João Décio Passos é professor associado na PUC-SP, onde também fez doutorado em Ciências Sociais e livre-docência em Teologia.

Lucia Ribeiro, socióloga, é pesquisadora do ISER Assessoria.

Luiz Carlos Susin é capuchinho. Doutor em Teologia pela Pontifícia Universidade Gregoriana de Roma, leciona na PUC-RS. É membro do Comitê de Redação da Revista *Concilium*.

Luiz Alberto Gómez de Souza é diretor do Programa de Estudos Avançados em Ciência e Religião da Universidade Cândido Mendes-RJ.

Manoel Godoy é presbítero, diretor-executivo do Ista (Instituto Santo Tomás de Aquino) e membro da diretoria da Soter.

Maria Clara Lucchetti Bingemer é doutora em Teologia pela Pontifícia Universidade Gregoriana de Roma e leciona na PUC-Rio. É membro do Comitê de Redação da Revista *Concilium*.

Mario de França Miranda, sj, é doutor em Teologia pela Pontifícia Universidade Gregoriana de Roma. É professor associado do Departamento de Teologia da PUC-Rio.

Paulo Suess é doutor em Teologia Fundamental. Leciona Missiologia no curso de pós-graduação do Instituto São Paulo de Estudos Superiores (ITESP). É assessor teológico do Conselho Indigenista Missionário (Cimi).

Ronaldo Zacharias é reitor da Unisal. Doutor em Teologia Moral, é membro do Regional Committee: Latin America Region on Moral Theology (Boston-USA) e secretário da Sociedade Brasileira de Teologia Moral.